新时代
〈管理〉
新思维

品牌向上

公司品牌管理六策

乔林————著

清华大学出版社
北京

图书在版编目（CIP）数据

品牌向上：公司品牌管理六策 / 乔林著. — 北京：清华大学出版社，2024.3
（新时代·管理新思维）
ISBN 978-7-302-65403-2

Ⅰ. ①品… Ⅱ. ①乔… Ⅲ. ①品牌 – 企业管理 Ⅳ. ①F273.2

中国国家版本馆 CIP 数据核字（2024）第 043353 号

责任编辑：刘　洋
封面设计：徐　超
版式设计：张　姿
责任校对：王荣静
责任印制：杨　艳

出版发行：清华大学出版社
　　　　　网　　　址：https://www.tup.com.cn，https://www.wqxuetang.com
　　　　　地　　　址：北京清华大学学研大厦 A 座　　　　邮　　编：100084
　　　　　社 总 机：010-83470000　　　　　　　　　　邮　　购：010-62786544
　　　　　投稿与读者服务：010-62776969，c-service@tup.tsinghua.edu.cn
　　　　　质 量 反 馈：010-62772015，zhiliang@tup.tsinghua.edu.cn
印 装 者：大厂回族自治县彩虹印刷有限公司
经　　销：全国新华书店
开　　本：170mm×240mm　　　　印　张：12.5　　　　字　　数：152 千字
版　　次：2024 年 5 月第 1 版　　　　　　　　　　印　次：2024 年 5 月第 1 次印刷
定　　价：79.00 元

产品编号：100616-01

推荐序

企业品牌管理虽然没有放之四海而皆准的方法论，但乔林先生基于"全面品牌管理"的理念，开创性地为企业管理者提出了精练的品牌管理理念与六大实施策略，给出了品牌管理"向实而生"的策略。品牌的向上生长，外化于用户对产品和企业的满意度，内化于企业品牌管理的内核，二者在此过程中共生共长，相伴相依，为企业的长远发展不断注入活力和能量。本书是一本不可多得的品牌战略管理实战手册，阅之有"翻卷解千愁"的愉悦，能为更多有志于打造顶级品牌的企业提供更为全面的思维方式，助力我国企业的品牌管理做实、走远！

——海尔集团知识产权总经理、品牌副总经理　王建国

品牌的培育确实不只是定位与传播的事情，它体现了公司在使命层面的价值承诺，以及企业为完成这一使命所构建的商业模式。乔林先生提出的"品牌向上"的观点，恰好说明了品牌在企业战略层面的重要意义。当一个企业围绕着一个清晰而坚定的品牌价值承诺去开展工作时，品牌便具有了一种征服人心的力量，这才是真正不可被替代和超越的！

——国家工信部品牌培育专家，

华南理工大学工商管理学院市场营销系主任，教授　陈明

《品牌向上：公司品牌管理六策》是经典品牌管理理论和方法全方位

升级，指导公司基于顾客多维价值的创造，给公司、股东和利益相关者带来超值回报的一本经营手册。

——华东理工大学商学院博士生导师，中国高等院校市场学研究会

（CMAU）原副会长兼教学委员会主任　　景奉杰

乔林是科特勒咨询集团品牌战略负责人，在过去的18年中为不少中国领先企业提供了成功的品牌战略咨询服务。这本《品牌向上：公司品牌管理六策》就是他多年实践和研究的精华，为中国企业揭示了品牌管理的新高度和新维度。这本书不仅打破狭隘品牌理念，还提供了六大策略来应对数字时代的挑战，是企业家和管理者提升品牌战略与市场竞争力的必备手册。

——科特勒咨询集团全球合伙人、中国及新加坡 CEO　　曹虎

品牌在中国业界和理论界极容易陷入"可模糊词语，可辩证解释"的窘境——都在谈品牌，而每家谈的品牌内涵与外延皆不一样，其本质在于视野的高度与广度，乔林先生这本书通过升维的方式，以品牌为导向的战略的方法论，把品牌作为金线贯穿于战略、商业模式、企业身份管理、市场营销链路等各要素之中，以品牌来牵引各功能要素的协同一致，高屋建瓴，这才是真正企业家视野中应有的品牌全景。

——《增长五线：数字化时代的企业增长地图》作者，

科特勒咨询集团管理合伙人，CEO 咨询顾问　　王赛博士

大时代呼唤大品牌。感谢乔林老师多年来为广东品牌提供的卓越服务，乔林老师的这本书中倡导的"全面品牌管理"理念将助力企业转型升级实践，在新一轮国际竞争中取得优势。

——品牌强国先行工程组委秘书长，

广东省企业品牌建设促进会常务会长　　王满平

CONTENTS | 目 录

PREFACE|导 言

写给中国企业管理者的品牌管理手册

为什么写这本书

在新的发展时期，"品牌"再次成为中国企业市场竞争方面的热词，但大多数中国企业的品牌管理仍处于"有愿望"但"想不清"及"干不好"的状态。

十多年来，作者为众多规模各异的中国企业提供市场及品牌战略咨询服务，在服务过程中发现，中国企业的品牌管理至少在两个方面已经陷入内卷。

第一，公司品牌管理实践的内卷。企业的最高管理团队高度重视品牌，但缺乏合适的路径和策略将"品牌"提升至公司战略管理的高度，仅将品牌当成市场或传播职能部门的事，甚至是某个专业传播或公关服务机构的事，而与公司其他职能无关。

第二，品牌管理理论领域的内卷。企业实践的内卷折射出公司层面品牌管理理论的内卷。从企业实践看，经典的品牌管理理论是围绕"认知"与"传播"展开的，这既构成了品牌管理发展初期的理论基础，也无形中限制了品牌管理研究向更广阔的战略管理领域拓展。事实上，品牌的成功是企业一系列工作的最终成果。

品牌向上，跳出内卷

作者认为突破当前品牌管理工作内卷局面的关键是"品牌向上"。因为，跳出内卷最好的方式是从更广的管理视角、更高的战略目标及更高维度的品牌管理哲学去看待原有的思维和工作，尽量减少不创造价值的低效努力，跳出既有思维的陷阱。

从市场竞争看，品牌向上意味着更高标准的产品品质、更高精尖的科学技术及更高层次的用户需求满足。消费升级提升了品牌发展的市场空间，中国企业的品牌不能再单纯地开展"价格战"，而是要开展综合价值竞争。中国企业的品牌竞争策略应从"性价比"提升到"品价比"，强化品牌的无形价值含量。

从企业管理看，品牌向上指品牌管理要向上直达企业的最高管理层面，企业高管要从公司战略的高度、从全面经营的角度，去开拓品牌管理的范围，从而让品牌跳出传播和职能工作的局限。

从品牌经营的结果看，品牌向上意味着中国企业要更加贴近客户市场，进入产业链中的"高利润区"，从而提升营利能力和利润空间，实现高质量成长。

从品牌经营的方法论看，品牌向上意味着中国企业管理者的管理思维水平向上提升。很多中国企业管理者忽略了管理方法论的学习，不加思考机械、片面、笼统和静止地套用各类品牌管理工具。品牌向上要求中国企业管理者用全面、系统和发展的思维来理解和实施公司品牌管理工作，不断地主动建立科学的品牌管理思考方法。

本书就是一本秉承"品牌向上"理念，写给中国企业管理者及各职能管理人员的"全面品牌管理手册"，它如同一张品牌作战地图，希望任何有志于打造"品牌企业"的企业，都能从中获得启发。

本书的四大特点

与传统品牌管理书籍相比，本书有以下四大特点。

1. 本书突破了以"传播"与"识别"为最终实施手段的品牌管理体系，更强调品牌对企业整体经营管理的推动作用

不可否认，传播是品牌工作和品牌理念起步的基石，但它只是品牌管理工作的一部分。本书的重点不是如何给品牌取名、制定品牌传播策略，这方面已经有很多专著阐述过了。

本书从企业高管的视角、从企业全面经营的维度，构建全公司品牌工作的整体策略与架构，目的是充分发挥品牌对企业成长的综合推动作用。所以，本书涉及的品牌工作会包含公司业务延伸、商业模式创新、企业文化、客户服务及体验管理，这些传统意义上"非品牌"工作的内容。

2. 本书旨在解决中国企业在战略管理中遇到的品牌问题

品牌无小事。由于常年与企业管理者打交道，作者深知，中国企业管理者所处的位置决定了他们口中的"品牌""品牌管理"的内涵和要求，远超经典品牌管理理论的内涵，需要站在公司成长的全局，才能真正理解和解决中国企业管理者关心的"品牌问题"。

这就需要融合公司战略管理、市场竞争策略、数字化广告与公关策略，为企业管理者创造"具有品牌精神的市场竞争策略"，由此才能真正有效地解决企业面临的问题。

3. 本书从解决品牌问题的角度去解释品牌概念和学习理论

学以致用，以用助学。中国企业管理者每天都要解决各类"问题"。而企业的各项工作问题，最终都要落实到如何解决"企业成长"问题。所以，本书的每个章节集中研讨一个企业在品牌管理中面临的问题，以

方便读者完整地获得理解和解决品牌管理问题所需的各类信息。

解决品牌问题，并非忽略品牌理论的学习和概念澄清。在解决企业面临的品牌管理问题的过程中，本书将品牌理论拆解开，根据不同的问题，补充必要的品牌相关概念与知识，让读者能更好地"边学边用"。

品牌有众多使用场景，品牌力有着不同的来源，因此产生了众多"品牌管理流派"。本书选择从品牌实践的角度，为企业管理者整合各视角的理论。这一方面为企业品牌管理提供更多的解决方案；另一方面，从实践目的整合诸多理论，降低了管理者的学习难度。

4. 从品牌管理方法到品牌管理方法论的提升

随着商科教育在中国企业界越来越普及，中国企业管理者对各种品牌管理工具也越来越熟悉，但也越来越困惑。所以，本书不只向读者介绍必要的品牌管理知识，也明确提出以"系统观"等符合辩证法的管理问题思考方法，去理解和解决企业发展中面临的各类品牌问题。这些最基本的思考方法，能方便读者"知其然，更知其所以然"，了解本书中各种品牌管理方法的来源，从根本上避免机械和片面地使用各类品牌管理工具的问题。

本书的五大独特价值

本书将为中国企业高管带来的五大独特价值。

1. 通过品牌向上提升的视角，帮助中国企业全面审视和整合"硬实力"（Hard Power）及"软实力"（Soft Power），实现"巧实力"（Smart Power）的跃升

面对新常态下的全球化竞争，中国企业需培育巧实力。在数字时代，企业之间的竞争更加全面，客户需求更加多元，这会倒逼中国企业

"软硬兼施"，为客户创造"刚柔相济"的价值。

在硬实力方面，企业要以产品研发、精益制造、供应链为基础，建立护城河、生态圈；在软实力方面，则要围绕企业文化、品牌沟通、客户体验以及售后服务，创造独一无二的品牌价值体验。

数字时代，客户需求具有多样性、多变性的双重特征，而且由于场景不同，客户需求也不尽相同。这就要求中国企业高管能有效实施"全面品牌管理"。

全面品牌管理，本质上是全面满足客户需求。它以品牌管理为核心，凝聚各职能部门的力量，全面满足客户的"柔性"需求，打造企业智慧竞争力。

2. 通过品牌向上提升客户价值水平，助力企业实现高质量增长

品牌是中国企业实现高质量增长的重要抓手。高质量增长，本质上是以"产品质造"为基础的"价值智造"，是以更高产出比（ROI）为目标的增长模式。

产品品质是建设品牌的基础，但产品品质好，不代表该产品一定能成为品牌。如果它只是满足客户的使用价值，无法给客户带来心理价值，不能引发共鸣、感动人心，那么就无法产生品牌溢价。没有品牌做统领，企业就会陷入低价格竞争的无奈之中。

品牌代表的无形价值的提升才能带来品牌溢价。可口可乐前全球营销副总裁哈维尔·桑切斯·拉米拉斯（Javier SanchezLamelas）在《情感驱动》一书中写道："客户愿意为感动支付额外费用"。

以品牌统领各项工作，既能解决产品使用价值的认知落差，又能传递无形价值，创造"感动之源"，形成品牌溢价。品牌溢价能力，不仅能为企业的轻资产运营提供重要的战略杠杆，而且将引领企业步入高质量增长的良性循环。

3. 通过品牌向上提升至战略高度，建立品牌驱动的市场化组织

企业高层领导者，其实也是企业的首席品牌官。然而，在现实中，很多重要的职能部门经常认为品牌与己无关，从来不考虑自己对于品牌创建的作用与价值。

通过品牌向上提升，企业高管可以用品牌串联更多业务场景，让更多传统认知中的"非品牌部门"拥有品牌思维，正确理解和重视品牌，自觉将品牌价值承诺融入日常工作中。如果企业的各部门能一以贯之，经过日积月累，企业的品牌资产将获得指数级的增长。

美国达特茅斯学院塔克商学院市场营销学教授凯文·莱恩·凯勒（Kevin Lane Keller）在《战略品牌管理》一书的前言中提到："Branding is more than brand."意思是，品牌应该在更多的经营管理场景中发挥作用。

除了建立面向客户的"客户品牌"，企业高管应开拓思路，建立面向资本市场的"资本品牌"，面对人才市场的"人才品牌"。不少企业更是创造性地实践了"技术品牌""客户服务品牌"及"企业文化品牌"。

可喜的是，很多优秀的中国企业管理者，逐渐摸索出了全面管理品牌的新路径，比如用品牌将公司战略、企业文化与市场策略进行有效统一；安排品牌部门与战略规划部门紧密协同共创；在公司总部成立专职的"品牌管理委员会"，统筹各部门协同一致开展品牌工作等。他们可以称得上"具有品牌精神的企业战略家"。

4. 通过全面品牌管理，降低企业高管品牌学习成本

市场环境复杂多变，企业形势模糊未明，并不像教科书那般条分缕析、清晰可辨。品牌是企业各项内部活动所追求的"总成果"，因此企业高管需要将专业理论、系统方法融会贯通，并与实践相结合，不断放大品牌的总成果。

企业品牌的天花板就是企业对品牌的认知水平。当前，市面上有很多品牌管理书籍，极大地丰富了企业高管的品牌视野。然而，大多数品牌管理书籍往往强调"一招制胜"，容易以偏概全，概念大于实质，没能给出全面的品牌决策思路和品牌管理方法。

本书希望从企业高管视角，以解决企业关键挑战为目标，博采百家之长，从实用的角度为中国企业管理者提供一套品牌概念体系。其目的是，降低企业高管的品牌学习成本，使之不迷失在概念化、空洞化、虚名化的"黑森林"之中。

5. 本书聚焦公司品牌发展的关键引爆点，构建了一套系统的品牌决策方法论与品牌管理工具箱，既简单有效，又直抵本质

纲举目张，企业高管只有在全面把握公司品牌工作的全景图时，才能深刻洞悉影响品牌决策的关键少数问题，才能集中资源、重点爆破。否则，拍脑袋式的决策，只是蒙眼狂奔式的鲁莽。

因此，面对复杂的市场环境，企业高管必须具有识别关键少数问题的能力，善用各类科学的品牌管理工具，这样才能避免犯错。在品牌决策中，太多中国企业高管犯了"盲人摸象"式的失误，靠直觉判断、拍脑袋决策的现象一再上演。这不但导致品牌投入产生浪费，而且会造成经营上的失败。许多短期无解的死结，本质上是"眉毛胡子一把抓"的结果。

如何使用本书

作者深知，适合企业管理者的学习方式是带着问题去学习，以解决问题为目标，整合各专业条线的相关内容，最终形成综合解决方案。

作者建议，如果读者时间紧张，或刚接触品牌管理工作，可以先阅

读本书的第一章与第二章，先建立一套科学实用的品牌理念体系。再根据各自的工作需要，针对性地阅读其余各章节。作者在写作过程中，也力争每一章节都能独立回答一个企业面临的品牌问题，方便企业管理者高效地获得所需知识。

拿着老地图到不了新世界。在数字浪潮下，"一招鲜、吃遍天""大力出奇迹"的时代一去不复返了。投资大师查理·芒格（Charlie Thomas Munger）说过，"手拿铁锤的人，看什么都像钉子"。在超竞争环境下，品牌管理已经严重内卷，中国企业高管不能用战术上的勤奋去掩饰战略上的懒惰，而是应该手持新的公司品牌战略管理地图，仰望星空，脚踏泥土，奔赴山海。

本书的视角与传统品牌书籍不同，诸多观点也仅基于作者的过往经验和心得感想，错漏之处，在所难免，欢迎广大读者交流指正。

衷心祝愿所有中国企业能够步入高质量发展道路，与时代同频共振，为中华民族的伟大复兴贡献力量。

最后，衷心感谢清华大学出版社刘洋老师与宋亚敏老师的大力支持与指导，没有两位老师的帮助和鼓励本书无法与各位读者见面。

作者

第一章

数字时代，
中国企业的品牌挑战与机遇

一、中国企业面临的"品牌挑战与困境"

1978 年改革开放至今，中国经济发展取得了举世瞩目的成就。过去的 40 多年，伴随着波澜壮阔的经济发展，中国品牌不断崛起，并走向海外，成为中国企业持续发展的重要支撑点。品牌，已经成为中国高质量发展的应有之义、必要之举。

尽管学术界对品牌没有统一的价值评价标准，品牌价值也无法正式进入资产负债表，但不可否认的是，品牌已经成为企业至关重要的"表外"战略性资产与核心竞争力。打造品牌，已成为中国企业高管最重要的工作内容之一。

进入数字时代，中国企业面临更加激烈和复杂的全球化竞争，转型升级的需求日益急迫。为了发挥品牌引领作用、推动供需结构升级，2017 年 4 月 24 日，国务院批准将每年 5 月 10 日设立为"中国品牌日"。品牌建设已然成为国家的重要战略。

改革开放 40 多年来，无数中国企业投入了巨大的精力和资源，积极投身打造品牌的洪流，实现了从产品到品牌的升级。近年来，随着"新国潮"品牌的蓬勃兴起，品牌不仅成为新的消费潮流，更成为展示中国文化的"黄金名片"。在各种重要场合，品牌成为政府官员、专家、企业高管口中提及率最高的词语之一。

尽管中国企业高管的品牌意识日渐增强，但令人遗憾的是，相当一部分企业高管对品牌的认知仍然不够，把品牌视为成本与投入，而非资产与回报。

不少中小企业高管说："我们没有钱，所以我们做不了品牌。"他们认为，打造品牌，等同于大规模、无实效的付费传播。

一些工业品企业高管常说："工业品和消费品不一样，我们只要做好研发与产品这些硬功夫就可以，产品好自然有口碑，不需要品牌。"他们认为，酒香不怕巷子深，工业品不需要做广告，更依赖传统渠道的人际销售。

某知名经济学家也说，品牌是企业各项经营活动成功后的自然结果，不需要花费巨大的费用专门做品牌（传播）。

更有一些人这样总结品牌之道：赚小钱的时候，做品牌意味着花钱做套 VI；生意稍好点，做品牌意味着找一家创意热店拍一支情怀长视频；融到大钱的时候，做品牌意味着请一个代言人、投一波线下媒体广告。

以上观点可用一句话总结：品牌思维内卷。这些观点都具有片面的合理性，作者总结了这些片面说法背后的四大问题，相信大多数中国企业都会在其中或多或少地找到共鸣。

问题一：对品牌管理缺乏全面认识，导致品牌动作"知行不一"

中国企业高管在品牌管理上面对的最大挑战，是对品牌理念的"一知半解"，对品牌执行的"知行不一"。许多企业高管只从工具的角度去理解品牌，将品牌无形中框定在传播的范畴里，结果造成了"品牌只与传播相关"的片面理解。

在这一认知下，品牌管理工作只能被置于企业的二级部门甚至三级部门之下，列于市场职能部门之中，最终使得品牌与其他部门"脱钩断链"。

更为严重的后果是，品牌被放在企业各项决策和工作的末端。最常见的情况是，一个新产品在没有品牌职能部门参与的情况下，完成了研发、设计及制造，而后再要求市场或品牌职能负责人发挥"认知魔术"，开展大规模花式传播，试图使产品热销。在这种情境下，品牌部门沦为"救火队"——为了弥补产品力的不足，而开展各种造魅之术，甚至是忽悠之术。

这一困境产生的根本原因在于，客户要求的品牌与企业实施中的品牌之间有着巨大的认知落差：

从客户视角看，品牌是企业所有努力的集合，大到公司战略，小到传播文案与产品包装，都是客户形成品牌认知的重要组成部分。无论是硬核（如产品研发、质量管理），还是柔性（如情感慰藉、社群归属），都被客户归于"品牌"之下，成为品牌认知地图的一部分。

而在企业视角下，品牌被窄化为传播职能，产品、服务、客户关系等与客户息息相关的职能与"品牌"无关。原本它们都应在品牌的指引下协同作战，但脱离了品牌各自为战，造成的结果便是客户认知混乱，品牌认知与产品、服务、体验认知不符。品牌管理讲究一致性，如果各接触点带给客户截然不同的品牌认知，那么就会大大削弱品牌价值，让长期积累的品牌资产付之东流。

作者认为，品牌管理是一个系统性工程，品牌传播只是其中一个职能，它还包括客户体验、客户关系等职能，彼此无法取代。再有效的品牌传播，无法替代客户体验，也无法替代客户关系。

美捷步（Zappos）是全球最大的鞋类电商平台，它一年卖出去的鞋子数量，远超过电商巨头亚马逊。美捷步成功的关键在于，客户对其优质服务的认知与感知合一。

美捷步创始人谢家华旗帜鲜明地指出，"不开心的员工很难提供出色的客户服务。面对不满的客户时，他们很难强装笑脸"。在他的主导下，美捷步把本应投到广告上的资金，全部投到提高客户服务和客户体验上。

这不但让已有客户更满意，还能让他们自发地为美捷步做宣传。

品牌发展到今天，其所代表和蕴含的意义，已经远超单一职能。传统品牌管理的重点，就是通过各类市场沟通活动，解决企业与客户之间的信息不对称，降低客户的认知成本。这是品牌管理的基本功课，但这并不意味着要止步于此。

综观全球领先企业的品牌管理，早已将品牌管理提升到战略管理的高度。从最高管理层到各职能部门，整个企业都围绕着"如何更好地向客户传递品牌价值、践行品牌承诺"而开展工作。

事实证明，将品牌管理与公司战略紧密融合的企业，拥有更强的抗风险能力，能更好地把握外部市场机会，在不确定性增强的时代获得持续的增长。

问题二：无法满足客户多层次需求，导致有品质产品，缺优秀品牌

20 世纪 90 年代前后，伴随着中国市场需求井喷式爆发，而部分中国消费者支付能力不足，因此低质低价商品，甚至假冒伪劣产品层出不穷。对当时的大多数中国企业来说，做品牌就是把好质量关，生产符合质量标准的产品。

30 多年后的今天，新国货开始崛起，"中国制造"不再是低质低价产品的代名词。一批质量过硬、性价比高的产品脱颖而出，成为消费者的心头之选。

产品质量可让客户获得产品最基本的实用功能，产品所使用的商标成为客户购买产品的"质量保证"，但这并不意味着企业拥有了强大的品牌。同等质量的纯棉 T 恤，为什么加上耐克的标识就能以远高于出厂成本的价格销售？这就是品牌的力量。

质量是品牌的基础，但不是核心。中国企业要拥有全球性的竞争力，

仅靠质量是远远不够的，还必须依靠品牌。中国企业几十年来一直面临着有品质、无品牌的尴尬。

1994年12月，生产仕奇西装的内蒙古青松制衣有限公司在《经济日报》等几家全国性的报纸上刊登广告，向在中国销售的外资品牌提出质量挑战：在同等价格上，仕奇质量要高于挑战对象；在同等质量上，仕奇价格要低于挑战对象。这则新闻背后表达的是，很多中国企业管理者片面地认为，质量就是品牌，这是那个年代的中国企业高管对品牌的集体认知。30年后，很多企业高管对品牌的认知仍然停留在那个阶段。

品牌必须有一定的质量基础，但为什么只有质量，无法成为品牌？这就要回到如何理解客户的"需求"。

客户需求是企业发展的"源动力"，也是品牌打造的落脚点。根据马斯洛需求层次理论，人的需求是多层次的，既有生理需求、安全需求、审美需求、求知需求、归属需求、尊重需求，也有自我实现和自我超越的需求。相应地，品牌要在不同层次上同时满足客户的需求。

中国进入物资丰富的时代后，部分消费者会更加关注无形价值需求。但许多中国企业高管在洞察客户需求时，仍然局限在满足生理需求、安全需求等层面，忽视或轻视客户的审美需求、求知需求、归属需求、尊重需求与自我实现的需求。

重使用价值（实用价值、经济价值）、轻无形价值（情感价值、社会价值），是这类企业高管的共同特征。尤其是当下，中国企业的产品质量普遍提升，质量已经成为市场竞争的"最低保障"，而不是"竞争保障"，单靠质量已无法成就品牌。

作者认为，品牌是一个企业有形价值和无形价值的集合，在不同行业，二者的重要性有所不同，但缺一不可。

当前，中国经济正在大步迈入高质量发展的新阶段，中国企业将迎来新一轮的高质量发展红利。在一些"卡脖子"领域，中国企业正在进入深水区、无人区，建立技术护城河，为科技强国添砖加瓦。

然而，我们必须正视的是，高品质与高科技为品牌建设夯实了地基，但万丈高楼平地起，仅靠这些是不行的。如果一个品牌没有自己的审美品位、企业品格和鲜明价值观，就不能引发客户的情感共鸣，那么它很难成为具有公众影响力的品牌。

如今，中国企业初步完成了从"中国制造"向"中国质造"的转变，处于向"中国智造"转变的初期。这就要求中国企业高管拥有洞察客户需求的智慧，具有持续创建品牌的决心，兼具理想主义的情怀。唯有如此，中国智造才能屹立于世界企业之林。

问题三：过度绑定产品与品类，导致有产品品牌，缺公司品牌

在全球化的浪潮下，企业面临着全方位的竞争，它既包括市场的竞争，也包括资本、人才、产业链的竞争。在此过程中，品牌一直发挥着"无形的手"的作用。

很多人将产品品牌与公司品牌混为一谈。事实上，相较于产品品牌，公司品牌的内涵更丰富，沟通的对象更广泛，承载的使命更远大。产品品牌主要针对客户、渠道，而公司品牌面对的要复杂得多，它不仅要面对客户，还要面对股东、合作伙伴等关键利益相关方，以及社会大众。公司品牌更倾向于传达愿景、使命、价值观，强调社会责任和使命抱负。某种程度上，公司品牌集中体现了一个企业的精、气、神。

当前，中国企业的品牌意识主要集中于产品品牌，缺乏公司品牌意识。在创业初期，一款爆品可以直接带动公司发展，围绕独特品类和差异化价值点展开推广工作是应有之义，但这并不意味着可以忽略公司品

牌建设。

中国企业家应该考虑，将爆款产品带来的知名度与美誉度，转化成公司品牌资产，向客户、关键利益相关方、社会大众传递愿景、使命、价值，带领公司品牌更上一层楼。这样的品牌势能转换，不仅夯实了品牌资产，而且为打造新爆款奠定了良好的心智基础。

然而，遗憾的是，很多中国企业未能将爆款产品的动能，转化成创建公司品牌的势能。当爆款产品走向生命的句点，企业也随之走向没落。爆款产品的诞生具有一定的偶然性，如果有强大的公司品牌做后盾，爆款产品的产生则具有了必然性。

纵观中国市场，众多中国企业都实现了品牌的延伸和成长。"小米"在智能手机获得巨大成功后，在"价格厚道、产品感动人心"的品牌理念下，打造了"小米生态品牌"，推出了诸多周边智能电子产品，实现了品牌化。华为、美团等中国企业都在初始业务获得成功后，基于核心能力和用户需求，延伸到其他业务领域，也都获得了巨大成功。

问题四：品牌理论与实践的脱节，品牌与"非品牌职能"要双向奔赴

经典的品牌及品牌管理是建立在认知与传播的基础之上的，这就导致很多中国企业管理者一谈到品牌，就无法跳出传播的固化思维里。

品牌研究者要从企业全局的角度，重新审视品牌管理工作，帮助企业家推倒认知围墙，冲破部门与职能的束缚，将品牌思维应用到企业的各项经营管理工作中，实现品牌与"非品牌职能"的双向奔赴。比如，近年兴起的"资本市场品牌管理""雇主品牌"等，都是品牌与其他职能部门融合共创的成果。

未来，无论是"品牌+"还是"+品牌"，都需要经典品牌管理理论与公司战略管理、客户体验管理、企业文化等其他企业管理理论体系融

合，为中国企业管理者提供更高屋建瓴、更融会贯通的品牌管理理论与工具体系。

二、从实践场景出发，先走出品牌概念的困境

著名科学哲学家托马斯·库恩（Thomas Samuel Kuhn）认为，一个科学领域应该拥有一本达成共识的学科术语"词典"，学科领域的参与者借助这本"学科词典"，都能清晰和准确地表达自我思想，而其他参与者也能没有误解地获取表达者给出的词语的真实含义。

品牌及品牌管理领域没有统一的"学科词典"，以至于产生了很多争议。很多关于品牌的争议，落实在具体的品牌实践中，并没有本质的差异，更多的只是概念内涵及概念标签之争。

究其深层次原因，是大家对品牌是什么、品牌价值是什么、如何才算作品牌这三个基石概念的底层设定不同。

品牌管理行为的差异，本质上是企业管理者对品牌理念理解的差异。不理清品牌概念的误区，将无法最大化发挥品牌效力。想不明白就无法干得明白，作者在此对造成公司品牌工作误区背后的品牌概念误区进行简单总结。

基于"工具—过程—成果"模型，构建品牌管理实践场景

中山大学营销学教授卢泰宏在《品牌思想简史》中总结，现代品牌理论和实践的规范基本形成于 20 世纪 80 年代，至今已有 40 多年。在这短短 40 多年的时间里，中国品牌站在巨人的肩膀上不断进化、持续蜕变，取得了惊人的成就。与此同时，学术界、企业界不断对品牌管理进行总结归纳，赋予品牌管理更丰富的内涵，但也不可避免地陷入过度定

义的窠臼里。

如何在眼花缭乱的定义中，建立一个基于实践的品牌理念模型，特别具有现实意义。如图 1-1 所示，作者按照"打磨品牌管理工具—品牌实施过程—品牌成果"的品牌操作顺序，构建一个简单实用的模型。这个模型的核心不在于解释品牌是什么，而在于说明如何做品牌。通过企业"如何做品牌"的过程，整合各类品牌定义和理念。毕竟企业学习品牌管理的目的始终是学以致用，而非纯粹的理论探讨。

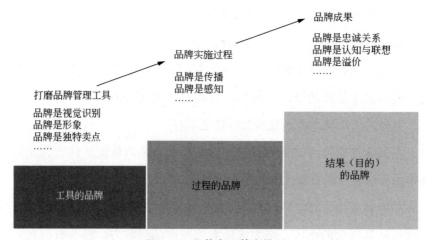

图 1-1　品牌定义整合模型

作为手段和工具的品牌定义

"工欲善其事必先利其器"，企业开展品牌管理必须拥有基本的品牌管理工具或品牌管理手段。

这就引出了美国营销协会（AMA）提出的、被广泛引用的定义。在其 1960 年出版的《营销术语词典》中，品牌被定义为区隔竞争者的有力武器——"用以识别一个或一群产品或劳务的名称、术语、象征、记号或设计，以和其他竞争者的产品或劳务相区别"。

在发展品牌标识的基础上，又发展出了品牌识别体系（Corporate Identification System）。它强调，为了与竞争对手形成区隔，公司内外部都统一使用公司专属的标识和颜色。

随着品牌实践不断深入，品牌管理工具也在不断丰富。之后，美国营销协会对品牌的定义做了升华："品牌通常包括一个显式徽标、字体、配色方案、符号、声音，这些都可以用来表示隐含的价值观、想法，甚至个性。"比如，品牌特有香氛（如酒店大堂香氛）、品牌广告歌（如微软的开机音乐）、品牌触觉等。

20世纪八九十年代，品牌识别体系被引入中国，掀起了一阵"换标"热潮。在当时的市场环境下，"换标"是热门话题，大量中国企业通过"换标"行动博取媒体版面，引起了人们的广泛关注，实现了市场竞争突围。广东太阳神集团就是其中的典型代表。

不得不说，以 CIS 为代表的品牌管理工具型定义，启蒙了中国企业家的品牌意识，揭开了中国企业迈向品牌时代的序幕。

品牌管理实施过程：知行合一，传播与传递的融合

作为品牌管理实施过程的品牌定义，体现了企业选择以何种方式来创建品牌。这种风格的品牌定义流传广泛，如"品牌就是传播""品牌是客户对企业和产品的各种感受集合"。

作者认为，品牌实施过程，是指在明确品牌战略性定位和品牌核心价值的指引下，持续传播与传递品牌价值的过程。选择何种类型的基于品牌实施的定义，决定了企业开展品牌工作的内涵。

选择"品牌就是传播"，决定了企业品牌工作的内涵就是在稀缺媒体资源进行广告轰炸，影响客户认知，改变客户购买决策。企业通过大规模认知覆盖，再配合大规模招商与核心渠道覆盖，就能达到销量暴增

的目的。选择"品牌就是体验"，决定了企业的品牌工作内涵包括产品使用过程、顾客服务、店铺环境营造以及一切为客户带来体验的相关工作。这是品牌发展的重要突破。

在特定的发展时期，做品牌等同于做传播、做广告，但时移世易，在媒体触点分散化、客户需求分层化、媒介传播碎片化的数字时代，做品牌的过程演化为"知行合一"的全面过程，也是将"品牌价值传播"与"客户价值体验"紧密结合、相互促进的过程。偏重任何一方，都无法实现真正的品牌效应。

品牌管理实施成果：设定成果，向前倒退

从品牌管理成果出发的定义极为丰富，如"品牌是挚爱""品牌是企业与客户之间的忠诚关系""品牌就是要有定价权"等。这种类型的品牌定义，体现了企业对品牌寄予的各种希望。

作为品牌管理成果的品牌定义，既是公司品牌经营的追求目标，也是对品牌管理实施过程的检验。品牌成果直接决定企业采取何种品牌管理实施方式，以及需要开发什么样的品牌管理工具。

如果将品牌管理成果设定为"人尽皆知"，那企业的品牌工作就是短时间内，整合各类线上及线下传播触点，尽快实现用户覆盖。

如果企业进一步将品牌管理成果设定为"客户成为品牌的铁粉"，那么企业不但要通过传播解决品牌知名度的问题，而且要通过出色的服务、深入的互动强化客户体验，解决客户满意度的问题。

工具—手段—结果的紧密关系

企业管理者在理解品牌的概念时一定要注意，品牌管理工具、品牌

管理过程、品牌管理成果相辅相成，不可分割，它们共同构成完整的品牌管理及其实施的概念框架。

品牌管理工具是创建品牌的基础工作，一个成功的品牌不能缺少基本的品牌管理工具。但只完成品牌管理工具的准备，如为品牌取个好名字，而没有系统地"实施品牌管理"，也一样无法收获良好的品牌管理成果。

品牌创建过程决定了品牌只能是"品牌管理实施过程"的结果。单纯靠产品品质和客户口碑的"佛系成长"，在当前超竞争的环境中，可能连生存都无法保证。而作为品牌管理实施过程的"结果"，企业追求的结果越多，如知名度、美誉度和忠诚度，越能倒逼企业丰富和完善企业的品牌管理工作内涵。

辩证唯物主义要求我们具体问题具体分析。在品牌管理实践中，我们既不能照搬理论，也不能完全遵循过往经验。

宏观市场环境不同，企业发展阶段不同，客户价值需求不同，品牌管理实施过程、品牌管理实施工具也各不相同。企业要综合运用各种品牌管理工具，重视品牌管理实施过程，在不同的发展阶段采取不同的品牌管理策略，全面满足客户的个性化需求。唯有如此，才能收获理想的品牌成果。

三、数字时代，中国品牌的新机遇

当今世界处于百年未有之大变局，挑战与机遇并存。消费升级与技术进步为中国品牌的发展提供了新动力、新通路与新智慧。

加入 WTO 以来，中国制造与世界品牌同台竞技，学习到了全球先进的生产制造技术、经营管理理念。在许多领域，中国制造拥有了世界领先的产品研发与制造能力，如日用品、家电、客车、高铁等。这为中国品牌的崛起奠定了坚实基础。

今天，中国制造早已跨越"野蛮生长"阶段，积累了向上崛起的物质基础，正朝着"中国智造"大踏步迈进。与此同时，随着人们收入的不断提高，消费持续升级，越来越多的中国企业走上品牌化之路。其中，相当一部分中国品牌拥有全球化的视野、超前的品牌理念，它们选择集体出海，征战全球市场，为中国制造书写了新的华章。

新世代，中国品牌崛起的新动力

当前，中国品牌正处在产业结构转型、消费升级换代的十字路口，新一波的文化红利、审美红利、社交红利扑面而来。如何抓住这些红利，如何取悦年轻人，考验着每一个有志于打造品牌的中国企业家。

根据阿里研究院的统计，年轻人已成为消费升级大潮中的绝对主角（如图 1-2 所示）。2011 年，18 ～ 35 岁的年轻人消费总额仅为上一代人的一半。10 年后的 2021 年，18 ～ 35 岁的年轻人消费总额已超过了上一代人。短短 10 年间，情况发生了逆转，年轻人消费爆发出了强劲的生命力。

正所谓，得年轻人者得天下。据统计，2021 年年轻一代的消费者创造了 65% 的消费增长。在许多领域，"90 后""00 后"成为消费的主力军。作为数字时代的原住民，他们成长于物质丰饶时代。与"60 后""70 后"相比，他们性格鲜明，追求个性，有着独立的消费主张。

一代人有一代人的品牌，年轻人更加倾心专属于自己的新品牌，而不太愿意购买"上一代人"的老品牌。随着供应链日渐成熟，"新国潮"文化兴起，一大批具有品牌意识与文化意识的新国货登上舞台，掀起了一股新的消费潮流，成为无数年轻人的心头好。

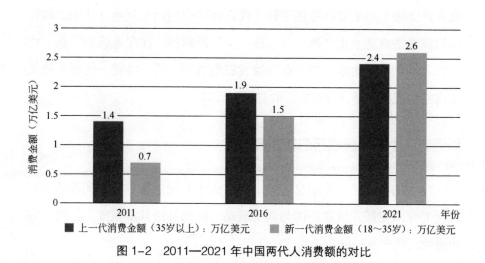

图 1-2 2011—2021 年中国两代人消费额的对比

（资料来源：阿里研究院）

年轻一代的崛起，为中国品牌创造了广阔的增量市场。在 2021 年的天猫 "618 活动" 中，共有 459 个新品牌拿下细分类目 TOP1。其中，咖啡品类销冠，不再是人们熟知的星巴克、雀巢、麦斯威尔等国际大牌，而是三顿半、永璞等新品牌。

改革开放以来，中国经济实力与居民可支配收入都发生了巨大变化，市场从短缺时代进入丰裕时代。如今的中国消费者有着更高的品质需求、更广的审美需求及更深的价值需求。他们在满足温饱需求的基础上，更加追求个人情感、审美享受、价值观认同与社会表达等。

法国著名社会学家鲍德里亚（Jean Baudrillard）在《消费社会》中提出，人们消费的不仅是产品的基础功能，更是产品背后的 "符号价值"。这些抽象的符号价值，就是企业要为客户创造和传递的无形价值。数字时代，中国品牌更加重视 "情怀" 的表达，以满足年轻一代的 "无形价值" 需求。

2016 年，恰逢故宫博物院建院 90 周年，央视推出的纪录片《我在故宫修文物》出乎意料地在年轻一代群体中引起巨大反响。片中，故宫博物院文物修复专家"择一业、终一生"的精神，深深地感动了新一代年轻人。它深层次地反映了在高速发展的数字时代，年轻一代越来越关注内心的真正感受、寻求生活的意义与真谛。

新通路，中国品牌崛起的新路径

当今的世界是一个信息爆炸、媒体去中心化的新世界。随着移动互联网的深入发展，信息媒体与购买通路之间的界限日渐模糊，形成了你中有我、我中有你的新局面。

每一个信息发布渠道，都有可能是品牌获取客户、促进购买的通路。它既给中国品牌提供了充满想象的新机遇，也带来了前所未有的新挑战。在新的情势下，全域营销成为中国企业家的一堂必修课。

如今的市场通路，不再是传统意义上的渠道/终端/卖场。在互联网的语境下，市场通路的内涵已大为延展，它不仅包括客户购买通路，还包括信息传播通路。

过去，立足于线下的品牌纷纷触网，以O2O新零售模式，全面拓展市场。同时，电商平台积极布局线下网点，形成了线下体验、线上沟通与购买的新业态。在这样的背景之下，线上线下的鸿沟被抹平，人—货—场在线上线下自由流动，构成了一幅全新的消费图景。

京东就是这一趋势的典型代表。据报道，预计到2025年，京东将在一线城市开设20家京东电器线下超级体验店，在地级以上城市以"一城一店"模式开设300家京东电器城市旗舰店，在农村市场开设5000家万镇通乡镇店。

过去，对线下零售门店来说，客情维护是最大的痛点之一，如今借助数字化技术，将一锤子买卖变为长期的客户关系，让客情维护更加精准化、人性化、常态化。同时，与社群电商的融合，拉近了门店与客户的距离，让沟通更加直接、高效。

据统计，截至 2021 年，我国网民规模高达 10.32 亿，互联网普及率达 73.0%。国家统计局数据显示，2022 年全国网上零售额 13.79 万亿元，比上年增长 4%。互联网与网上购物的普及，为新品牌的崛起提供了巨大的机遇。

另一项数据显示，我国国内市场上监测到的 App 数量高达 302 万款。每一款成功 App 都拥有大量的精准客户，都会带动一批善用"流量红利"的品牌。不少新品牌利用这一机遇，低成本获取种子客户，实现从"0 到 1"的突破。

新互动，中国品牌崛起的新土壤

在传统媒体时代，由于话语权集中在少数权威媒体手中，企业更关注品牌信息的"单向沟通"，因此，覆盖度、触达率成了决定信息传播效果的关键因素。

而在数字时代，人人皆媒体，这些个体既是信息的传播者，也是产品的购买者，更是口碑的传递者。通过社交媒体平台，信息传播力可即刻扩展为社交影响力、消费购买力。企业可通过智能终端和应用，借助数以百万计的自媒体，随时随地与客户展开互动，使品牌深入触达客户。

更为重要的是，在数字时代，企业可以与客户共同完成从价值创造到价值传递的全过程。过去，大多数企业将客户当作研究对象，很少将客户视为品牌的共创者。在数字时代，企业与客户站在一起，共同参与产品研发、品牌创建，群策群力解决客户的痛点。

小米在发展初期，通过与早期的种子客户深度融合共创，打造了多款深受客户喜爱的爆款产品。可以说，小米的发展壮大，与客户参与是分不开的。小米授予最早一批参与者"100个梦想的赞助者"称号，使他们获得巨大的荣誉感和成就感。

全新的客户互动模式为中国品牌的崛起培育了新的土壤。一批敢为天下先的中国品牌，通过这一模式探索出了品牌破圈的新方法。

随着企业与客户的边界日渐模糊，中国企业家对品牌管理的关注点，要从"认知指标"转移到"关系指标"上来。因为，关系指标与客户活跃度、客户推荐度等指标高度相关，它反映了品牌与客户的互动程度。

如今，越来越多的中国企业家转变思路，开始着手构建私域流量池，培育品牌社群，通过全新的客户互动模式，走上持续增长的快车道。

四、数字时代，中国企业需要新的品牌管理理念与工具

企业的任何一项变革，首先是企业管理理念的升级，然后才是推动行为改变。

数字时代，中国企业的品牌管理面临四大问题、三大机遇。中国企业管理者要成功应对新的挑战、把握新的机遇，需要在经典的品牌管理理念基础上，实现管理思维的迭代和升级。旧瓶装新酒的做法，无法在数字时代真正提升企业的品牌管理能力。

数字时代的公司品牌管理，是以品牌为抓手、以客户需求为核心的战略管理。因此，企业家要与时俱进，在品牌管理理念、品牌管理方式、品牌管理工具等方面进行全面升级。只有站在战略的高度去理解品牌管理的内涵，才有可能将品牌培育为企业的核心竞争力。

第二章

数字时代需要"品牌管理六策"

2014 年，著名品牌管理专家大卫·艾克（David A. Aaker）对什么是品牌和如何做品牌进行了定义升级：品牌绝非仅仅是一个名称或标志，而是一个公司对消费者的承诺，它传递给消费者的不只是功能性利益，还包括情感、自我表达和社会利益。品牌不仅是一个承诺的兑现，更像一段体验的旅程。在这段旅程中，品牌与消费者双向奔赴、深入互动，形成了一段紧密的关系。

大卫·艾克以更加全面、系统的视角，对品牌的内涵进行了延展，基于广告传播的品牌管理由此迭代至全面品牌管理的新阶段。为了避免误解与歧义，作者将在下文对全面品牌管理的内涵进行详细说明。事实上，在品牌管理实践中，各种品牌概念并无本质差别，更多的只是标签之争。

一、什么是全面品牌管理

品牌管理的"第五项修炼"

美国麻省理工学院斯隆管理学院资深教授彼得·圣吉（Peter Senge）在《第五项修炼》中提出，企业管理团队应该有系统思考的意识和能力。

1970 年，彼得·圣吉毕业于斯坦福大学航空及太空工程专业，后进入麻省理工学院攻读硕士学位，师从系统动力学创始人福瑞思特（Jay Forrester）教授。

彼得·圣吉继承和发扬了系统动力学整体动态搭配的管理理念，他认为人们观察和思考周围世界时普遍存在思想缺陷，即片段而局部的思考方式。"这种思考方式的特点是把整个世界分割为互不相关的片段来理解，一方面它有助于对复杂问题进行分解和处理；另一方面，这种碎片化的理解方式又导致人们丧失了对复杂问题的整体感，最终影响各局部工作的整体作用发挥。"

基于此，他开创性地提出"第五项修炼"理念，即系统性思考。如果把系统性思考引入品牌管理领域，我们的视野就会豁然开朗，呈现出一副更加完整的全面品牌管理图景。

全面品牌管理，是企业为了全面满足各利益相关者的价值需求，站在产业链高度，立足公司战略，将品牌建设全面融入企业内外部活动，是一项以市场为导向的战略管理工作。它能更有效地联通内部能力与外部需求，提升企业市场竞争力，推动企业的可持续增长。

全面品牌管理的五大特点

正如全面质量管理（Total Quality Management）一样，全面品牌管理的关键词在于全面。它具有五大特点：战略性（Top）、全类型（Omni）、全手段（Leverage）、多对象（Together）、全价值（All）。

依托全面品牌管理，企业可以将品牌作为核心竞争力与战略管理工具，有效联通企业内外部活动，通过多类型品牌管理手段，向利益相关者全面传播和传递更丰富的品牌价值。

1. 战略性

全面品牌管理的战略性，体现了品牌向上的理念。市场导向型公司通常将品牌价值深深地根植于战略、流程和组织等各个层面，实现品牌价值与公司战略的一体化管理。

品牌是企业的战略性资产，也是企业的核心竞争力。品牌管理是企业发展的"顶层设计"（Top Topic），直接推动者必须是公司的最高决策和管理层（Top tier）。只有企业高层站在全局理解品牌，才能启发全公司的"品牌共识"，激发各职能部门的品牌意识，让品牌管理工作与日常工作紧密融合。

因此，企业高层在做战略规划时，应以品牌为核心展开各项工作，这样才能上下一致、力出一孔地打造公司品牌。

管理学家彼得·德鲁克（Peter F. Drucker）认为，企业的宗旨是创造客户，满足客户的需求是每一家企业的使命。基于德鲁克的理念，企业内部活动不能脱离外部需求，否则就会误入歧途。

品牌是连接企业与客户的最佳媒介，企业可通过品牌将产品价值点、公司价值观与外部利益相关者充分沟通，从而塑造认知、影响行为、维护关系。更重要的是，企业可通过品牌在所有客户接触点上创造一致性的价值体验。但遗憾的是，大多数中国企业不知道如何以品牌为抓手，系统优化企业内部行为与外部客户体验。

全面品牌管理的战略性体现在两个方面。

一方面，品牌是企业的核心竞争力，意味着更高效的市场推广、更忠诚的客户群体、更有效的资源整合。

另一方面，品牌是企业的核心战略，也是最有价值的资产之一。商业模式创新、连锁加盟以及资本运作等战略举措，都是基于品牌资产而开展的。

企业可以通过无形的品牌资产，整合各种有形的市场资源（如上下游资源、渠道终端资源），创新商业模式，实现轻资产扩展。不过，轻资产运作的前提是，要在客户的心智中建立高势能的品牌认知与品牌共鸣。

迪士尼公司通过品牌授权的方式，将业务延伸到服装、玩具、游乐城等领域，构建了一个庞大的企业帝国；李宁、安踏通过收购国际知名运动品牌，短时间内克服塑造品牌认知的巨大鸿沟，实现了阶段性增长。这些企业无一例外地通过品牌资本化的方式推动了公司成长。

2. 全类型

全面品牌管理是对各层级、各类型品牌的综合管理。

根据业务架构，品牌管理按所属层级可分为集团品牌—事业部品牌—产品线品牌—产品品牌，每个层级的品牌管理重点各有侧重。

并不是每个企业都拥有如此复杂的品牌架构，在品牌管理之前，首先要厘清是"公司品牌"还是"产品品牌"，抑或是其他类型的品牌。

从企业高层的视角看，全面品牌管理并不局限于"产品品牌"，还包括一切能提升企业市场竞争力的内部能力与资源，如愿景、使命、价值观等核心理念。

很多优秀的中国企业通常会对企业内部能力、资源进行品牌化梳理与输出，如体现华为企业管理思想的"华为三部曲"系列书籍，体现长安汽车在关键部件中研发能力的"蓝鲸动力"，体现招商银行个人金融服务水平的"金葵花"等。

数字时代，企业的内部能力、资源产生了巨大进步，这对全面品牌管理提出了更高的要求。

3. 全手段

联合利华前董事长迈克尔·佩里（Michael Perry）认为，品牌是消费者对一个产品的感受，它代表消费者在其生活中因对产品与服务的感受而滋生的信任、相关性与意义的总和。

整合营销传播理论的代表人物汤姆·邓肯（Tom Duncan）认为，营销传播传达出的"言"的信息，必须与产品和服务功能的"行"的信息一致，也要与他人"确认"这个品牌的信息一致。他认为，这三者的一致是品牌整合策略成功的标志。

企业要获得消费者的信任，就需要全面整合多种信息传播、价值传递手段，以知行合一的方式去持续创建品牌。除品牌告知外，品牌体验（感知）同样是不可或缺的品牌创建手段。

公司品牌营销的目标，就是希望所有的品牌接触点，都能一致地向目标客户传递符合公司独特定位的信息和体验，引导形成与品牌主张、自我表述相一致的客户感受，尽量缩小两者差异，因为一旦出现较大的偏差，客户就会产生被骗的感觉，可能将品牌抛弃。

星巴克通过设计客户体验地图的方式，按照客户进入咖啡店—挑选购买—体验咖啡时光—离开门店的顺序，绘制了一副完整的客户体验地图。在此基础上，对客户高感知度、低满足度的品牌接触点进行优先与重点提升。

实践证明，无论是消费品还是工业品，品牌体验都是不可或缺的品牌创建手段。工业品领域因为产品复杂，客户与企业之间需要大量的沟通，如售前咨询、售后维护和增值服务。因此，工业品的品牌管理更需要与各部门日常工作融为一体。

4.多对象

全面品牌管理的影响对象不仅是客户，还包括各利益相关方，如投资者、政府部门、外部人才、合作伙伴以及企业所在的社区等。

在全球化的大背景下，品牌对客户、市场、股东及公众产生了全面影响，品牌资产也因此有了更丰富的内涵，它不仅可以被消费者感知，还可以被上下游合伙伙伴、投资者、政府部门、社会大众感知。

在倡导企业社会责任的时代，企业更要注重与利益相关方在价值观上的沟通与互动，充分体现与各利益相关方共同成长的意愿和能力，展示可持续发展的决心与目标。

过去，以上工作分散在市场、公关、人力以及投资者关系等职能部门。如今，企业家要站高望远，站在全局视角打造全要素品牌，如打造雇主品牌、资本市场品牌、社会责任品牌等，从不同侧面去不断扩大品牌的影响力。

在今天更加倡导环境、社会与企业治理良性发展的市场环境下，如果仅从消费者角度来打造品牌，就会窄化品牌视野，从而导致品牌管理得不全面、不充分。

5. 全价值

品牌是各项价值的"总代表"。代表了一系列承诺，它意味着信任、始终如一和明确的期望值。

满足客户需求，是企业实现发展的关键所在。根据马斯洛需求理论，人的需求层次至少具有五个层级，相对应的，品牌价值也应具有多个层级、多种类型。在全面品牌管理的框架下，无论是公司品牌还是产品品牌，都应包含使用价值与无形价值。

品牌及品牌价值应该包含什么，理论界争论由来已久。

1955 年，加德纳（B. B. Gardner）和列维（S. J. Levy）在《哈佛商业评论》发表了《产品与品牌》，他们分析了产品和品牌在消费者心目中的不同，提出了品牌的形象和符号对消费者的特殊意义，明确将产品和品牌从理论概念上区分开来。

1986 年，帕克（Choong Whan Park）教授等对品牌概念内涵结构进行拆解，将品牌的内涵区分为三个维度：功能性、符号性和体验性。这比加德纳与列维给出的品牌定义更加丰富，从全面满足客户价值需求的角度，拓展了品牌价值的内涵。帕克提出的品牌功能价值，就是指以产品为代表的使用价值，意指打造产品应该包含在打造品牌之内。

说明：书中作者定义的品牌三层级，与帕克教授的品牌三层级概念，本质上是一致的。作者基于大量咨询服务与实施经验，做了落地化的实施路径拆解。

由于产品概念出现在先，品牌概念出现在后，理论界就有了"小品牌"与"大品牌"的激烈争论（如图2-1所示）。透过字面看内涵，"小品牌"包括情感价值、社会价值两大类无形价值；"大品牌"在此基础上，还包含了基于产品物理特性的使用价值或实用价值。长期以来，在产品与品牌概念分离的影响下，很多企业管理者认为品牌概念太虚，这是因为他们脱离产品谈品牌，脱离多层次的顾客需求，而孤立地看待各类价值。

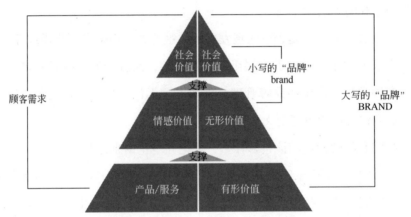

图2-1 小写的"品牌"与大写的"品牌"之间定义的区别

对客户而言，无论是"大品牌"还是"小品牌"，能更好地全面满足客户需求的品牌就是"好品牌"。对企业而言，要实现持续发展，必须以品牌的名义，全面满足客户的需求。因此，我们更倾向于将产品、服务所代表的使用价值纳入品牌管理的范畴。毕竟，企业所有的经营成果都是"品牌"，产品、服务也不例外。

从大品牌视角看，无论是工业品还是消费品，品牌价值的类型都要相对完整，不能有类型缺失。不同领域的品牌价值，使用价值和无形价值的比重可以有所不同。如表2-1所示，Interbrand的品牌资产分析显示，在快消品领域，无形价值占公司整体价值的比重超过35%；而在工业品领域，比重不超过30%。

表2-1 9个最具价值的全球品牌及其"品牌价值"所占比例

品牌	品牌价值（百万美元）	市场价值（百万美元）	市场价值所占比例
可口可乐	70452	146730	48%
麦当劳	33578	80450	42%
迪士尼	28731	81590	35%
IBM	64727	200290	32%
微软	60895	226530	27%
英特尔	32015	119130	27%
惠普	26867	105120	26%
谷歌	43557	199690	22%
通用电气	72808	228250	19%

（资料来源：Based on Interbrand, "Best Global Brands 2010", Yahoo! Finance, February, 2011.）

随着市场竞争更加全球化，越来越多的工业品企业开始重视无形价值的培育，希望通过打造企业"可爱"与"可敬"的形象，获得社会大众的认可，并获得更广泛的赞誉。

截至2020年10月31日，新浪财经通过各种方式共搜集到各类社会责任报告1903份，其中非企业组织的报告为97份，企业报告为1806份。由此可见，对无形价值越来越重视已成为企业界的集体共识。

据如表2-1所示，2011年一份品牌价值评估报告的数据，9个全球最具价值的品牌中，品牌价值越高，市场价值越高，而且品牌价值所占比例越高。位居榜首的可口可乐，品牌价值占比高达48%，是位列第九位的通用电气的2.67倍。也就是说，用户对可口可乐的品牌认可度更高。这也是为什么可口可乐前总裁道格拉斯·达夫特（Douglas Daft）有底气说出震惊世人的名言：如果可口可乐在世界各地的厂房被一把大火烧光，只要可口可乐的品牌还在，一夜之间它会让所有的厂房在废墟上拔地而起。

如果一家企业只关注满足客户的使用价值，就会陷入忽略无形价值的"产品短视症"。这就是很多所谓"网红品牌"昙花一现的原因。直到现在，仍然有很多企业家没有意识到客户的无形价值需求的重要性，更遑论与客户进行价值共创了。品牌的成功"始于有用、成于有心"，只有与客户"交心"，才能持续交易，获取客户认可的终生价值。

二、为什么要开展全面品牌管理

全面品牌管理，不仅能在战术层面为企业赢得市场竞争，更加能在战略层面提升企业的综合能力。由此可见，品牌是企业的战略资产，品牌管理能力是企业的核心竞争力。开展全面品牌管理是一项短期提升营收，中期提升核心竞争力，长期创新商业模式的可持续发展路径。

成就企业巧实力

巧实力（Smart Power）是企业面向客户需求，发挥硬实力、软实力的协同效应而获得的综合竞争力。巧实力的强弱取决于两种实力的协同程度。

巧实力为企业指明了发力方向，避免努力方向不清造成"乱发力"和"做无用功"。例如研发，如果研发不是立足于满足客户需求，那么就可能变得"大而无当""自嗨浪费"。

苹果公司既有引领数字时代的产品设计与研发的硬实力，也有"think different"价值观和史蒂夫·乔布斯（Steve Jobs）创始人精神为代表的软实力。而乔布斯本人更因为同时具有这两项能力，被称为史上最牛产品经理。这就让"果粉"在购买与使用苹果产品时，收获了双重满足感。

中国进入丰裕社会，消费者看重的不仅是产品的使用价值，更有无形价值。无形价值是个人情感满足、群体归属感及社会表达等价值的集合。

硬实力可以通过研发、生产、制造、供应链来实现，软实力则是在与客户及外部利益相关者的传播、互动、服务、体验过程中体现出来的，是一种沁入人心的柔性竞争力。

全面品牌管理是提升企业柔性竞争力的核心手段和工具，它通过"认知""体验"与"关系"打造，与客户形成情感共鸣，协助客户实现"同好社交"，助力客户实现个人价值观表达与社会化表达。

同时，全面品牌管理引导了硬实力的发展方向。企业可基于客户需求的痛点，通过全过程品牌管理，向企业的内部职能部门（如技术研发、产品开发、生产制造、客户服务等部门）传递明确的客户价值。这不仅为内部工作打开了新视角，而且为内部工作制定了新标准。仍以研发工作为例，在全面品牌管理的框架下，无论是颠覆式创新，还是渐进式创新，都要为外部客户创造价值。

品牌管理的基础工作是企业内外的互动信息沟通。在数字时代，信息过度负载，企业应与目标客户进行友好深入的沟通，让目标客户对企业硬实力有充分的认知，有效减少信息不对称，降低客户决策成本。

让战略更具体、可实施

市场导向的战略管理理念，是当下中国企业家的共识。但知易行难，中国企业家在实施中，需要找到能将这一理念执行落地的便捷管理工具。

传统的公司战略管理虽然也关注市场，但是笼统地将市场作为一个整体。比如经典战略管理经常根据整体市场的现有规模和预计增长速度来综合确定一个市场的吸引力，但直接决定企业战略是否成功的前提是，企业能否在微观层面找到被忽略的痛点，打造出爆品。

在潜力无限的市场，如果企业无法在微观层面创造客户价值，中观层面的战略最终也无法实现。在竞争无比激烈的"红海市场"，企业更需要从微观层面的客户价值提升来实现突破。

2015 年，中国智能手机市场呈现爆发式增长，格力做出战略决策，决定进入该市场。然而，相比小米、华为、OPPO 及 vivo，由于格力手机在技术指标、用户体验等方面没有足够的吸引力，因而无法在机会市场实现确定性成功。

格力在智能手机市场的止步不前，不是因为中观战略出现了失误，而是因为未能在微观层面满足客户的需求，创造出让用户欣喜的爆品。

全面品牌管理在中观战略的基础上，进一步拆解出三个具体的问题：市场期望、品牌定位及企业行为。市场期望明确了品牌发展的机会；品牌定位确定了外部客户需求的机会点；企业文化则决定了内部企业行为的规范。它们构成了全面品牌管理的基础。

具有强烈市场意识的企业家，善于在公司品牌塑造的过程中，使战略愿景与客户需求相匹配，提炼内部的品牌价值点，满足外部的市场期望。同时，他们非常重视战略愿景与企业文化的协调，并就此与利益相关者展开互动。

毕竟，投资者看重的是企业的未来发展，而令人信赖的公司品牌和企业文化，让利益相关者更加认同企业。作者曾经服务过的宝钢集团、中航国际集团、海尔集团与北京建筑设计研究院就是其中的典型代表。

奠定商业模式的创新基石

全面品牌管理能从目标客户需求出发，全面高效地搭建品牌生态系统，推动基于轻资产的商业模式创新。

数字时代诞生了众多品牌生态型企业，它们凭借强大的品牌影响力，依托先进的数字化工具，有效地聚合各类供需资源，在多个领域齐头并进，构建了既宽又深的"护城河"。

品牌生态型企业并不追求控股权，甚至不强求资本层面的绑定，而是根据客户需求、品牌价值承诺来设定规则与标准。符合要求的企业，将成为生态系统中的一员，共享品牌红利与市场红利。

某种意义上，全面品牌管理围绕客户需求，以"内部事业部"的方式整合外部资源，形成了一个有机增长的资源网络生态系统。

小米生态链就是典型例子。它以小米品牌的核心价值为标准，输出统一的设计风格，整合各类资源，培育品牌生态系统。

首先，小米构建了包括"做感动人心、价格厚道的好产品"（有形价值）与"为发烧而生"（无形价值）在内的品牌价值体系。随后，在品牌价值观的感召下，小米吸引铁杆粉丝深度参与、共建共创产品，建立了颇具规模的小米粉丝群。

2021年，小米天猫官方旗舰店粉丝首次突破4000万，成为天猫消费电子行业首个粉丝突破4000万的商家。小米与生态合作伙伴共享强大的品牌价值和规模化的品牌社群，编织了一个庞大、具有竞争力的生态链，为小米粉丝奉献了一个品类丰富的品牌商城。

小米对生态链企业的支持，包括但不限于产品设计支持、价值观输出、渠道扶持、共享供应链、投融资支持等。在早期，小米甚至会对生态成员企业的产品发展方向提出过具体建议。截至2022年，小米生态链成员高达500家，成为分布最广、合作最深的品牌生态群落。

三、品牌六策落实全面品牌管理，培育"智慧的竞争力"

根据作者的研究与咨询经验，企业在实施全面品牌管理的过程中，要从以下六大策略去开展工作，这六大策略为扩格局、创模式、优战略、定优势、同行动与再成长。

第一策：扩格局，从产业与企业的高度，建立品牌管理的整体蓝图

扩格局，是企业管理者站在公司战略规划的高度、产业链的广度，去规划品牌的整体工作的大蓝图。扩格局共包含三个关键工作：建势能、聚动能与审时势。

（1）建势能。企业是产业链的一环。企业管理者首先要放眼产业链全局，基于企业所处的产业链位置，思考如何通过品牌策略，提升企业与产业链上下游议价能力。无论是身处上游原材料的钢铁企业，还是生产关键零部件的芯片企业，都可以目光向下审视，通过"要素品牌"，建立面向最终用户的品牌。通过客户影响客户，从而提升企业对直接客户的议价能力。而作为零售终端的零售企业，凭借对最终客户的理解与把握，也可以目光向上，通过自有品牌，获得更多收益。

（2）聚动能。一切有助于打动客户的企业理念、资源和能力，都是建立企业品牌整体信任的来源。企业管理更要拓展视野，将人才、投资者及所在社群都纳入品牌管理的大视野中，为企业的综合发展聚集最广泛的品牌动能。

（3）审时势。企业管理者要有"大时间"概念。综合产业发展周期，以及品牌发展阶段，让品牌发展周期的"小齿轮"咬合行业发展周期的

"大齿轮"。企业管理者要顺势而为，但不能无视品牌自身的发展阶段而随波逐流。因为每个品牌的发展阶段不同，适合其他品牌的策略，未必适合自身品牌。有了时移事易的概念，企业管理者就能站在智慧的高度，去制定真正顺应潮流、适合企业的品牌管理策略。

第二策：创模式，以品牌驱动促进商业模式变革

企业之间最大的差异是商业模式的差异。

经过 40 多年的高速发展，原来的商业模式日渐失效，进入瓶颈期。在数字时代，新理念、新工具层出不穷，不断探索新的商业模式，推动企业升级换代，走向高质量增长之路。

创模式，即规划以品牌为核心驱动的商业模式，是以消费者信任与购买偏好为支点，通过轻资产方式整合、撬动周边有形资产的创新型商业模式。

相比固定资产投入，品牌资产投入所消耗的资源更多，承担的风险更大。品牌资产无法像在建工程、产品研发一样可量化、可标准化，因此无法进入公司资产负债表。正因为如此，品牌具有了稀缺性和高价值性。

拥有高势能品牌的企业，可以利用品牌授权、周边产品开发、品牌收购等方式，培育生态体系，创新商业模式。

南极人在保暖内衣市场成功建立强势品牌，但随着行业竞争的加剧，南极人决定卖掉厂房等固定资产，构建一个以品牌授权为核心、以电商为销售渠道、以流量为获客手段的数字化商业模式。

这一商业模式切中了许多企业有能力但无品牌、无渠道的痛点。它们通过与南极人合作，走上了发展的快车道。合作实现了双赢。2015 年，南极人上市后改名为南极电商。2021 年，南极电商营收为 38.88 亿元，归母净利润达到了 4.77 亿元。

中国企业还可以通过收购成熟品牌的方式，快速进入目标市场。中

国童车企业好孩子在实现 ODM 模式之后，通过收购美国现有童车品牌进入零售终端，获得了更大的品牌溢价收入。

"世界品牌 + 中国制造"的组合模式，成为中国公司品牌出海的一个重要战略举措。

第三策：优战略，内外匹配，用品牌联动企业发展飞轮

优战略，是指品牌发挥内外联通的作用，将市场的需求机会点一致地体现在公司的战略和企业文化之中。品牌成为推动公司持续增长的关键连接点和推动力。

根据战略管理常识，企业持续发展，本质上是企业自我期望、内部能力与外部市场机会之间相互匹配的结果。

在实践中，中国企业可以通过公司品牌管理与对内的企业文化重塑，建立相互匹配的企业发展飞轮。

对外，企业通过公司品牌管理，向外部市场、合作伙伴和所在社区，传播企业未来的发展思路与愿景，提升企业战略的透明度，树立信心、赢得支持。

对内，企业通过企业文化重塑，在组织内部构建与之相匹配的行为规范、思维模式，凝聚共识、上下一心，不断践行品牌承诺。

公司品牌与企业文化的一体化管理，让内部行为与外部机会之间形成有效链接与正循环，打通企业的发展通路。这让公司品牌管理不虚浮、企业文化建设不迷茫，既明确了外部市场的意义所在，又获得了内部行为的大力支持，使企业的整个战略管理既有动力又有效率。

第四策：定优势，确定品牌决策优势点，提升品牌竞争力

定优势，是找到品牌在客户决策链路中具有竞争优势的关键点。这

些基于客户需求和行为层面的关键优势点，是能提升公司市场竞争力的关键点，对公司发展具有重大的战略意义。

客户决策链路包括三大关键要素：需求、品类和品牌。基于需求的定位是源点，品牌找到客户需求的痛点、爽点和晒点，是品牌定位的优先工作。需求细化后，企业就能更好地满足客户细分需求，就有开创细分品类，甚至创新品牌的机遇。品类之下是关键品类属性的定位。品牌需要确定选择何种关键属性，使之成为说服客户的理由。

品牌可能无法在这三个关键要素上同时具备竞争优势。但要有意识地去挖掘和培育至少一项优势点。而客户则可能会重叠三个要素，以简化决策。这就需要企业管理者在掌握"定位技术"之外，更要具备"定位智慧"。

第五策：同行动，协同客户行为与企业活动，建立品牌增长链路

同行动，是指企业行为与客户行为之间，企业各类市场行为之间，以及企业与渠道成员之间行为的三大协同行动。

客户行为是企业活动蓝本，企业活动要推动客户行为更加友好与顺畅地在各品牌触点展开。数字时代，企业的市场活动类型丰富多样，包含传播、产品销售、客户关系管理、内容与运营、售后服务等。这些活动都在客户的不同购买阶段与客户产生接触。但大多数中国企业面临的挑战是缺乏协同，增长结果达不到预期。第一，企业行为与客户行为之间缺乏协同。企业市场活动没有明确指向的客户行为阶段，很多市场工作都期望"一次到位"，工作目标模糊，缺乏"步步为营"的数字营销意识。第二，企业的各类市场活动之间没有形成链路协同。各项工作都单打独斗。每一种类型的企业活动，都要在明确指向客户行为的同时，还保持各类行为之间的协同。第三，企业与渠道成员之间的数字化行为缺乏协同。从品牌到终端客户之间，渠道合作伙伴发挥着重要作用。但

品牌与渠道伙伴之间都分别开展数字化营销行为。品牌需要与渠道伙伴协同一致，为客户提供更好的全域体验，从而扩大品牌与渠道伙伴的共享价值。

同行动，指导企业管理者成为"策略黑客"，不但掌握单一策略的关键能力，更能像"技术黑客"一样，将各职能策略之间基于数字化工具，进行协同管理，发挥最大实效。

第六策：再成长，因势利导，制定品牌延伸与组合策略

再成长，是指在企业发展中，品牌不断利用积累的品牌资产与客户资产，引导与助力公司开发新产品与进入新业务。再成长，提示品牌管理者要不断推动品牌内涵与品类的成长，实现从单品品牌，到产品线品牌，再到生活场景或解决方案品牌的进化。

品牌因过往的产品与服务的成功，积累了品牌资产与客户资产。公司层面的品牌资产，代表了客户对企业关键能力和核心价值观的认可。这种认可使得品牌获得进行产品线和业务延伸的"心理预期"。品牌延伸与产品延伸最大的不同在于，品牌延伸是"先胜后战"，产品延伸是"先战再求胜"。基于品牌资产的延伸，使得产品进入市场之前，就获得了目标客户的初步信任与尝试意愿。

为配合市场拓展，发挥与保护品牌资产，企业需要开展品牌组合管理。品牌组合管理的关键是要用最少的品牌数量、最简单的品牌关系，去实现企业的市场策略目的。典型的品牌组合策略包括公司统一品牌、独立品牌及母品牌背书的独立品牌。母子品牌关系策略可以指导母子品牌标识使用规范，以及指导传播内容中的母子品牌关系。适合的品牌组合策略必须与企业的资源相匹配，与市场竞争策略相配合。即使在同一行业，不同企业也会采取不同类型的品牌组合。

品牌六策规划，有先有后

品牌六策，以第一策为先，企业管理者要以打开品牌管理格局为起始。首先需要在公司战略层面，为品牌进行顶层设计，将品牌作为"战略工具"来使用。

之后，品牌管理进入第二策，考虑品牌能否成为企业的商业模式核心，能否通过品牌策略提升企业在产业价值链中的议价能力，以及上下游的掌控力。

确定了品牌在公司商业模式中的地位之后，企业管理者可以在宏观及微观层面同时开展策略规划，即：第三策，使用品牌优化公司战略，将外部市场需求与内部企业文化进行有效协同；第四策，通过品牌定位，提升企业在客户决策过程中的竞争力。

第五策可以单独进行，是企业市场"策略背后的策略"，指导品牌如何更智慧地开展各项工作。企业管理者的全局意识就体现为规划企业的"增长链路图"，将企业的各类市场工作与客户行为路径进行协同，让企业行为有的放矢，成效显著。与此同时，还需要与渠道伙伴的工作进行协同，打造数字时代的一体化渠道体验。

第六策不可单独规划，品牌延伸与组合要有效支持前五策的实施。品牌延伸与组合将前五策的成果，转化为具体的产品线和业务进入标准，并体现为明确的标识、传播规范。第六策成果具体，但切忌只考虑具体工作，而忽略了前期品牌策略规划的成果指导。

品牌六策实施，可分可合

在实施时，可以根据企业面临的具体问题，对品牌六策进行分块组合实施。品牌第一策及第二策，是公司整体品牌规划范畴，可以一并实施。之后的各个品牌策略，都可以根据品牌所处的特定发展阶段，以及在特定阶段面临的特定问题，分别开展。

当企业处于战略变革期时，可以采取第三策，通过公司品牌与企业文化的一体化规划，为企业未来的战略变革争取外部认同和期待。基于品牌承诺，使组织内部达成共识，明确行为方向。

当企业面临市场增长乏力时，可以采取第四策与第五策。企业管理者可以为品牌重新定义与定位。品牌定义是在全面梳理客户决策链路的基础上，确定完整的品牌品类和各类型价值组合。品牌定位是在品牌定义的基础上，在客户购买决策历程中确定最具竞争优势的位置。品牌定义可以全面指导企业的各项品牌工作。品牌定位可以确定品牌工作的重点和焦点。

品牌增长链路可以系统整合与优化企业现有的各项市场工作，是公司市场增长的重要突破点。很多中国企业在各职能上都分别有着深入的规划与实施。但因为职能与流程分割，最终整体效果欠佳。

当品牌在快速增长时，会面临品牌无法与产品或业务发展同频的问题。品牌第六策可以帮企业管理者开拓思路，从品牌资产的角度，提前培育企业产品及业务发展的助推力。而品牌组合本质上是为业务与产品"发番号"，确定哪些产品与业务可以借用已有的品牌资产，哪些要采用新的独立品牌。

四、全面品牌管理实施的保障：思维提升、高层推动、重点突破

品牌向上，思维提升：用中国传统智慧打开品牌问题

字节跳动创始人张一鸣认为，"企业之间的差异主要是企业家思维水平的差异，而非资源差异。相比资源的可获得性，企业思维水平的培养更加难得和宝贵"。

成功的企业家不仅有解决商业问题的"办法",更有解决客户需求的"想法"。现实中,很多企业的战略出现问题,并不是执行不到位所致,而是因为底层逻辑不通,商业思考模式过于简陋。战略决策逻辑出现谬误,执行能力再强,也不可能得到理想结果。

业界提到的产品与品牌之争,要不要做品牌之争,这背后最大的误区是企业管理者机械化、孤立化的思考方式。中国企业管理者应该从中国传统哲学中吸收优秀的思考智慧,如基于中庸思想的"执两用中",在场景变化中去全面理解和实现客户价值。客户的需求是"既要、又要、还要"。即使同一个人,在不同场合及时间,对不同维度的需求,也有不同的重视程度,而不是完全不需要使用价值或无形价值。

客户需求是随时间和场景变化的,因此企业管理者不能"刻舟求剑",以静止的思维去理解客户的动态需求。更不能简单复制过往成功的市场打法。市场是公平的,无论是初创品牌,还是成熟品牌,谁能满足当下的客户需求,谁就能获得大发展。俗话说,"拿着旧地图,找不到新世界"。市场环境、客户需求瞬息万变,过去成功的做法不见得适合当下。

20世纪90年代,很多企业通过"三板斧"——央视广告代言人、招商与渠道精耕、价格战快速迈向成功。时过境迁,这三板斧已然失效。面对当前的市场环境,如果继续这种策略,只会无功而返。

因此,中国企业管理者,必须迭代自己打开品牌问题的方式,首先从思维方式上杜绝"一招鲜"的想法,当前的市场环境早已经进入综合竞争的阶段,仅凭单一能力已无法立足。中国企业管理者必须根据市场的变化,不断提高思维水平,做"好的"战略决策。

管理向上,高层推动:全员参与才能真正创建"品牌企业"

如何将分散在各职能部门的品牌管理工作进行有效整合?如何避免

在实施过程中顾此失彼？这些都需要企业家直接发起、强力推动。

企业家要在全公司范围内发起品牌管理变革，要让各职能部门时刻铭记"创造客户价值"的重要性。

在启动全面品牌管理之初，企业家应围绕"如何让客户爱上公司品牌"开展跨部门研讨会，而且会议的成果要落实在各部门的工作规划中。只有这样，才能打破战略管理、企业文化、人力资源与市场职能部门之间的"部门墙"，让大家齐心协力地开展品牌管理工作。

此外，企业还可以成立类似"品牌与文化管理委员会"这样的常设型工作小组，由公司董事长或总经理牵头，聚合各职能的负责人。这样更有利于企业处理日常工作中面临的品牌管理问题。

如果将品牌管理与公司内部各项价值活动紧密融合，那么就能在日常工作中不断积累品牌资产，长此以往，久久为功，成为世界级的品牌企业指日可待。

策略提升，重点突破：变被动式品牌管理为主动式品牌管理

初次开展全面品牌管理，有很多基础工作要补齐，但绝不是眉毛胡子一把抓，不分轻重缓急平均用力，而是系统思考后的重点突破。但这迥然不同于"头痛医头，脚痛医脚"式的被动式品牌管理。

全面品牌管理是全面分析企业发展中的各项问题后，再运用适合的品牌管理工具，针对性解决核心问题。实施全面品牌的前提是，企业家要全面掌握各种品牌管理理念、各类品牌管理工具。

实践证明，在数字时代，中国企业更加需要"全面品牌管理工具箱"，而不是视野狭隘的"一招鲜"和"一指禅"。中国企业管理者应该学会因地制宜、因时而变、乘势而上，根据不同的市场环境，选择使用最适合当下情景，以及符合公司实际情况的品牌管理工具。

第三章

Chapter 3

第一策：扩格局——公司品牌管理的顶层规划

如果企业是第一次全面开展品牌规划工作，企业高层首先要站在战略的高度，去打开公司品牌管理格局，建立与企业战略同频的品牌大局观，而不是一下子就投入具体的细节工作当中。很多中国企业将自己困在眼前问题的茧房里，习惯于头痛医头，脚痛医脚。事实上，企业发展到一定阶段，为了适应新的发展需要，就不得不再投入更多资源，对原先的品牌策略进行大规模变革。

那么，何为公司品牌管理的顶层设计？

根据品牌向上的理念，公司品牌管理顶层设计是从公司所处的产业链及市场地位的高度，从可持续成长的角度发掘品牌可以发挥作用的场景与方式。品牌顶层设计为企业未来在内外部一切与品牌创建相关联的工作，构建了一个整体蓝图，为未来各项品牌管理工作奠定了基础。

建势能、聚动能、审时势，是公司开展品牌管理顶层设计的三个要点。

建势能，即通过公司整体品牌管理，建立公司整体的品牌竞争力。企业要基于所处的产业链地位，以及产业链市场竞争的大势出发，挖掘公司内各项理念、优势资源与能力的品牌价值，为企业建立整体的品牌信赖与支撑。这些工作虽然分散开展，但要以公司整体品牌形象为魂。多维度、多层面地通过公司品牌建立整体品牌势能，这样有助于凝聚最广泛的共识。品牌共识的来源，包括但不限于目标客户、合作伙伴、投资者及所在社区。同时，可以实现对企业基本能力的信任感，基于价值观的欣赏感，以及基于战略理念的未来合作意愿。

聚动能，即开展公司品牌组合管理，建立适合公司市场竞争需要的母子品牌架构。公司品牌要与产品品牌、事业品牌形成高度协同，从而提升企业的整体竞争力。面对不同业务板块、不同产品线、不同客户群体，企业必须明确公司品牌、事业品牌与产品品牌之间的关系，去繁化简地搭建起公司品牌管理基本框架，便于在不同层面有侧重地开展品牌管理工作。在日常品牌管理中，尤其要处理好母子品牌之间的名称使用、标识使用、传播口径等问题，一旦出现问题，就会造成客户认知模糊，大大降低品牌的辨识度与吸引力。

审时势，即企业要根据品牌所属分类的发展阶段，以及品牌自身的发展阶段，适时调整公司品牌的发展策略。正所谓，时移事易。随着时间的推移，品类市场环境不断变化，品牌所处品类发展阶段与品牌自身所处的发展阶段，都需要企业管理者做出合时宜的好决策。

在成熟期，企业经历了时间的沉淀与市场的洗礼，具备了一定的抗风险能力，所面临的挑战更多来自内部。而在初创期，企业尚未接受市场的验证与客户的检验，存在着诸多不确定性，因此所面临的挑战大多来自外部。阶段不同，公司品牌的发展策略自然也会有所不同。成熟的公司品牌，要避免吃老本，要与时俱进，跟上时代的步伐；初创的公司品牌，要敢于创新，要用新思维、新技术、新方法满足客户多层次的需求。

当前，中国消费者处在代际交替的重要时刻，新消费和"新国潮"的兴起，不管是对成熟的公司品牌还是初创的公司品牌，既是机遇，也是挑战。谁能审时度势，满足客户需求，谁就能赢得未来。

如果说建势能确定了品牌在企业战略中的发力点，聚动能确定了公司品牌管理基本框架，那么审时势则确定了公司品牌的发展策略。更确切地说，"品牌取势"确定了企业开展品牌工作的世界观，即把品牌当作公司战略管理的工具；"品牌审时"则确定了企业开展品牌工作的时间观，即把品牌当作评价经营成果的指标。这样，就能避免全面品牌管理出现重大偏差。

一、建势能：从品牌角度助力公司战略实现

所谓势能，是以高就低，从上向下，形成的必然动能。根据品牌向上的理念，公司管理者首先要从产业链发展的大势着手，基于但不局限于企业在产业链中的现有位置，从提升企业在产业链上下游博弈能力的高度，思考企业品牌建设的切入点。

一条完整的产业链包括原材料生产企业、中间产品制造企业、终端产品组装企业、零售企业等。产业链中的企业，都会与上下游有着不同的合作关系和议价能力。因此，每家企业都有着不同的品牌发展模式。

因此，公司管理者要从产业链上下游竞争的角度，挖掘公司内部的能力与资源，以及优异的产品与服务体验，以期"知行合一"地在利益相关者的心中建立起强大的"心智势能"。这些能力与资源，应该进入公司品牌管理的视野，成为公司的竞争力来源。

不同产业环节企业参与品牌经营的模式各异

无论身处产业链的哪一环节，企业都有打造公司品牌的迫切性与必要性。尤其是上游制造型企业，需要突破当前的竞争思维局限，从产业上下游关系、客户价值共享的角度，重新思考公司品牌战略，实现公司战略的差异化。

工业品制造企业的品牌势能：从产品到公司品牌的提升，从客户到用户的转变

很多工业品企业的产品，属于终端产品的"中间产品"。因此，要素品牌是工业品制造企业的重要突破点。要素品牌，也称为成分品牌，是

指为某些品牌产品中必不可缺的材料、元素和部件等构成要素制定的品牌。著名的要素品牌有杜比降噪、戈尔特斯防水尼龙、特富龙不沾底涂层等。

很多制造类客户采购原料、零部件，是为了二次加工与销售。因此，工业品企业既要重视直接客户，也要重视直接客户背后的终端客户。

如果企业的原料、零部件产品对最终产品的性能有着重要的影响，那么该企业就可以考虑要素品牌策略，针对终端客户市场进行品牌化运作，通过终端客户反向影响直接客户。

要素品牌策略成功的关键在于，为直接客户创造更大的共享价值。要素品牌通过与终端客户的持续沟通，使得直接客户的产品更畅销、品牌更受欢迎。本质上，它通过赋能直接客户，提高了客户满意度，增强了品牌吸引力。

这方面的典型代表就是英特尔。20世纪80年代，个人电脑逐渐进入美国消费者家庭。当时，市场话语权掌握在IBM、苹果、惠普等组装企业手中，而不是在英特尔、AMD等微处理芯片（CPU）生产企业手中。大部分人对CPU的重要性一无所知，只有少数"发烧友"才知道CPU是个人电脑的关键零部件。

英特尔意识到，如果消费者对英特尔不了解，英特尔就很难掌握行业的话语权。于是，英特尔创见性地提出要素品牌战略，按照消费品的方式打造品牌。英特尔提出了"intel inside"的品牌口号，按要求使用"intel inside"标识的电脑组装企业可以享受6%的广告补贴。仅此一项，英特尔每年要支付10亿美元的巨额费用。虽然投入不小，但英特尔的收获也是巨大的。经过多年的精心培育，这一要素品牌为英特尔建起了一条竞争对手难以逾越的"护城河"。

工业品制造企业通过向终端客户传递社会价值，将大大增强终端客户的情感认同，反向促进直接客户的认同感，提升直接客户的合作意愿。

宇通客车是全球客车市场的领导者，主要客户群体是公交公司、企事业单位及专业客车营运企业。2010 年，宇通客车在行业内第一次提出了面向乘客的公司品牌策略，确定了"承载梦想 成就人生"的公司品牌价值主张，并通过央视向社会大众传播。2012 年，它更进一步，在央视投放了关注学生交通安全的公益广告。

这一系列围绕乘客的公司品牌打造动作，使宇通客车赢得了乘客广泛的情感认同，建立了较高的品牌认知度。许多乘客在购票时会询问长途客运站的售票人员，所乘的客车是否为宇通客车。当其他客车生产企业聚焦于营运企业时，宇通客车通过针对乘客的公司品牌策略，影响了客车营运企业的采购意愿。功不唐捐，乘客的认同，最终转化成宇通客车的市场竞争力，为企业创造了源源不断的收入。

消费品代工企业（OEM）的品牌梦想：面向终端客户，原创品牌

1992 年，宏碁集团创办人施振荣为了"再造宏碁"，提出了著名的"微笑曲线"（Smiling Curve）理论。他认为，很多较低技术含量、高劳动力密集行业的利润分布呈现"微笑曲线"的状态，研发与品牌端利润分布最大，制造与组装环节利润分布最小。在很多行业，代工厂只能赚取微薄的加工利润，大部分利润被品牌商赚走。

在为国外品牌商代工的过程中，中国企业积累了世界级的生产制造能力与品质管理能力。"临渊羡鱼，不如退而结网"，很多代工企业开始从工厂走向市场，用原创品牌直面海外客户，与海外大品牌同场竞技。更有甚者，通过收购成熟海外品牌，借船出海，弯道超车，大放异彩。

在企业发展初期，好孩子就提出了 OPM（自主产品制造）的商业模式，即好孩子负责从市场调研到产品开发、制造，贴牌商则负责自有品

牌运作与产品销售。然而在 2014 年，好孩子集团宣布收购德国高端儿童安全座椅品牌 CYBEX，其创始人宋郑还直言不讳地指出，并购是我们全球化战略中非常重要的一个步骤，并购 CYBEX 是为了其背后的品牌经营，尤其是高端品牌的经营能力。

针对终端用户推出原创品牌，只是代工企业的品牌化策略之一。代工企业通过强化自身的技术和管理能力，同样可以在贴牌市场获得品牌效应。

宁波申洲国际是全球领先的运动服与休闲服制造科技企业。虽然自身并没有开发原创品牌业务，但凭借多年不懈的面料研发和工艺提升，该公司帮助众多贴牌企业实现了终端市场的产品溢价，成为众多国际大牌不可或缺的产品伙伴。相比那些国际大牌，其盈利能力并不逊色。

所以，无论是否开发终端客户品牌，中国代工企业都要对终端客户有深刻的洞察，对终端市场有深入的了解。只有为终端客户创造更大的价值，代工企业才能掌握市场的主动权，打造强势的公司品牌。

零售环节的"最后一步"：从集合品牌到品牌集合

日本著名流通理论学家久保村隆佑教授说过，一个零售商如果不开发自己的品牌，就不能算真正地进行连锁经营。自有品牌已经成为零售商增加盈利能力和收入的重要手段。

零售商可大致分为两类：一类是线下零售商，如沃尔玛、麦德龙等；另一类是线上零售商，如亚马逊、京东。无论是哪一类零售商，在拥有庞大的流量和强大的品牌效应的情况下，凭借对终端客户偏好的了解，都可以让盈利模式从通路服务收入向自有品牌收入转变。

根据中国自有品牌委员会的数据，欧洲零售商的自有品牌收入的营收占比达到 20% ～ 45%，北美达到 18%，拉丁美洲 5% ～ 12%，中国只占 1%。零售企业的自有品牌主要覆盖品类为日用家居、日常食品等。这类产品的标准化程度高，客户凭借对零售商品牌的信任就可以完成购买。麦德龙自有品牌包含 3500 个 SKU，年销售额达到 30 亿美元。永辉超市开发了馋大师、田趣、优颂等自有品牌，年销售额达 19 亿元人民币。

随着中国市场的消费升级，零售企业的品牌化整合力度更加彻底，名创优品就是其中的典型代表。与传统零售企业不同，名创优品采取的是零售业制造化及品牌化策略，品牌成为名创优品的重要工作内容。制造化，是根据客户需求和自身品牌风格，向上游代工厂大规模定制自有品牌产品。

本质上，名创优品是一家在加盟店销售自有品牌产品的贴牌商。一方面，它通过加盟连锁的方式扩大门店规模，尽快实现规模效应；另一方面，凭借大量的加盟门店带来的销量和产品需求洞察，名创优品可以通过大规模采购获得成本优势。双管齐下，推动名创优品迅速成长。根据名创优品 2022 年度业绩公告，2022 年，全球范围内，名创优品总收入达 100.9 亿元人民币，门店数量增至 5440 家，成为中国零售市场上一支不可忽视的新生力量。

过去，零售商的典型做法是汇聚众多品牌商品，形成集合式的百货商场、超市卖场；如今，越来越多的零售企业通过自有品牌整合更多产品品类，形成自有品牌化的多品类产品零售店。两种战略有着根本的差异，这决定了公司品牌策略的迥异。

从产业上下游来看，无论是工业品制造企业、消费品代工企业，还是零售企业，都可以通过公司品牌活动，提升企业的整体市场竞争力。

品牌从哪里而来？

当企业决定采用品牌战略后，马上面临一个新问题，品牌从何而来？企业可以自己注册和建立一个品牌，也可以采取收购、寻求授权的方式获得市场上现有优质品牌的使用权。

企业采取自建品牌的方式，能获得品牌的完全控制权与使用权。但这种方式也需要企业从零开始，不断投入各类资源，尝试各种策略，才有可能在客户心中建立起"品牌"。自建品牌是最常见的品牌获取方式。如今，许多具有全球影响力的中国品牌，如华为、海尔、宇通客车，都采取的是自建品牌方式。

兵无常势，水无常形。在自建品牌之外，企业还可以采取基于品牌的兼并收购策略，在短期内获得具有市场竞争力的品牌。这里的品牌包括但可能不限于商标等无形资产，还包括与品牌相对应的知识产权，以及固定资产。

2010 年 3 月 28 日，吉利汽车从福特汽车收购沃尔沃乘用车业务的全部股权。这次收购使吉利汽车得以通过"曲线"方式进入高端乘用车市场。之前，吉利汽车的产品线主要在中低价格的经济型轿车，而如果使用吉利品牌直接进入高端市场，短期内无法获得来自品牌端的支持。

吉利收购沃尔沃之后，建立了面向年轻客群的高端品牌——领克（Lynk）。截至 2022 年，领克累计销量超过 80 万辆，成为最快突破 80 万辆汽车的中国高端汽车品牌。

和吉利一样，很多中国代工企业为了走向世界，采取了收购海外品牌的方式，开展全球化的业务。

除品牌收购外，企业还可以考虑通过品牌授权或买断品牌区域使用权的方式，快速启动市场。中国动向就是依托意大利知名运动时尚品牌卡帕（KAPPA）在中国的品牌使用权而迅速发展起来的，后来更进一步，收购了卡帕在日本与韩国的股权，进一步扩大了品牌的市场发展空间。

让企业的核心能力与资源焕发品牌势能

战略管理的核心能力学派认为，企业是一系列资源与能力的集合。公司品牌则是一系列能影响客户认知、塑造客户行为的关键能力与资源的品牌集合。

在信息爆炸时代，客户经常会迷失在信息的海洋里。因此，要让客户有效地了解企业信息，首先要对企业内部拥有的核心能力、资源、技术与理念进行全面梳理，找到能快速让客户动心、动情的切入点，并将其全面转化为"认知势能"。这大大扩展了品牌传播工作的内容，从产品延伸到更广泛的领域。

例如，奥迪通过梳理技术优势，通过品牌化运作，建立了差异化的认知势能。在公司品牌层面，奥迪的整体定位为"突破科技 创领未来"。以此为基础，奥迪将独特的全时四轮驱动技术进行了专门的品牌化运作，将其命名为"quattro"（意为：奥迪全时四轮驱动技术），并设计出四爪壁虎的品牌标识。每台采用全时四驱技术的奥迪车的车尾，都骄傲地挂着它。

作为中国工程机械领先企业，三一重工认为客户服务是它的核心竞争力，基于此，它以"服务创造价值"为公司品牌定位，展开了全面品牌管理工作。为了让客户更加了解服务特色、服务能力，三一集团总结出一套名为"12127"的服务体系。这些绵密而详细的服务规范，体现了三一集团开阔的品牌思路和良好的品牌意识。

当然，随着三一集团走向全球，规模不断扩大，它的品牌形象可以进一步升级，体现出世界级企业集团的先进管理理念，打造与行业地位更加匹配的公司整体形象。

企业家的品牌化

数字媒体的日渐普及，让企业可以低成本、低门槛直面市场。

作为企业的掌舵人，企业家的个人魅力、管理理念甚至价值观，不可避免地成了公司品牌的重要组成部分。企业家本人的形象和行为，就是对公司品牌最生动的表达。外界会通过"听其言""观其行"的方式，了解这到底是一家怎样的企业。

海尔集团主席张瑞敏是一位充满哲思的企业家，他在每年 9 月 20 日举行的"人单合一"全球大会上，与包括诺贝尔经济学奖获得者在内的全球顶级专家、学者，共同讨论管理学理论未来发展的趋势，向全球展示中国企业家对管理学发展做出的贡献。

虽然并非每一个企业家都愿意走到聚光灯下，成为公众人物，但不可忽视通过个人向外界传达公司信息的重要性。在流量红利消退、获客成本高企的今天，具有鲜明特征、自带流量的企业家形象，可以引发巨大的关注与话题讨论，快速沉淀公司品牌资产。

企业文化的品牌化

企业文化是从深层次表达企业经营初心、愿景、使命和价值观的重要管理工具，它是企业基因的具体表达。

在同一个行业，企业之间最根本的差异，就是企业文化的差异。如果说企业如人，那么企业文化就是人的思想内涵、言行举止，能增进人们对企业的了解。

人有移情效应，即如果我们对一个人的价值观深度认同，我们就会认可他的行为。同样，如果客户、合作伙伴对企业文化有着共鸣，那他们将会更加认同企业的产品，更加愿意与企业展开深度合作。

近年来，企业文化的品牌化成为公司品牌管理工作的亮点。它通过提炼企业文化中核心的理念，通过品牌化的运作，在社会上引起广泛而深刻的影响。

华为公司曾推出《以奋斗者为本》一书，系统阐述了华为的企业文化与管理理念，让公司品牌形象更加丰满、鲜活。全球无数优秀的人才，被"奋斗者文化"所吸引，加入华为的大家庭中。

相比技术、厂房、奖项等硬实力，企业文化是软实力的最佳体现，它更具有价值感和说服力。它向外界全面阐释了企业从哪里来、将向何处去，总结了企业成功经营的思想、理念与方法论。优秀的企业文化，能为企业建立广泛的社会认同，建立良好的企业声誉，让公司品牌更加深入人心。

战略与商业模式的品牌化

某种程度上，战略充当了连接企业现在与未来的桥梁，为资本了解企业提供了最佳的视角。

如果说面向客户，企业交付的是产品与服务，那么面向资本，企业交付的是战略与商业模式。更加形象地说，企业在商品市场销售的是商品，在资本市场销售的是公司。

虽然企业估值来自现金流折现，但决定投资者行为的，是对企业战略与发展理念的理解与信任。

企业可将战略与商业模式进行品牌化运作，这既能吸引外部资本，也能坚定投资者的信念。无论对哪家企业来说，获得外部投资者的认同和信任都至关重要，它是企业的"一号工程"。

菲利普·科特勒（Philip Kotler）与赫玛文·卡塔加亚（Hermawan

Kartajaya）、大卫·扬（S. David Young）在《吸引投资者——为企业吸引投资的营销途径》一书中强调，企业家要从投资者的思考和决策方式入手，通过品牌与营销的方式，吸引适合公司发展的外部投资者。

很多成功的企业通过对战略与商业模式的品牌化运作，取得了丰硕的成果。

截至 2023 年 3 月末，A 股上市公司总数已经达到 5131 家。数量如此庞大，投资者要完全了解所有上市公司，几乎是不可能的事。这就要求企业开展资本市场的品牌管理，面向投资者建立知名度和信任关系，除进行必要的信息披露外，更要主动与投资者沟通，分享企业战略与发展理念，让企业的内部经营智慧成为照亮外部投资者的明灯。

从这个角度来看，对企业战略和发展理念的品牌化打造，尤为关键。它能提升公司品牌的专业内涵和认知势能，让投资者对公司的看法从"不明觉厉"跃升至"因为理解，所以相信"。

华润集团将企业成功发展的理念总结为"6S"管理体系，成功地向外界传递了其在多元化领域能实现长足发展的胜任力与领导力。它提升了公司品牌中的管理技术含量，树立了先进的、负责任的央企形象。

人才发展观的品牌化

数字时代是知识经济时代，人才成为企业发展的重要动力。打造雇主品牌的目的，就是为了留住内部人才、吸引外部人才。

企业针对人才进行公司品牌打造，能极大提升员工的工作满意度与工作效率，形成员工与公司的双赢局面。同时，它对吸引人才也发挥着重要的作用。例如，小米通过打造卓越雇主品牌，吸引了数以万计的优秀人才加入。

打造雇主品牌的关键在于，明确企业在人才市场的定位，建立独特的人才发展观，并进行品牌化运作。无数事实证明，在同等薪酬的条件下，具有雇主品牌效应的企业对人才更具吸引力。ABB、GE 等世界级企业之所以在抖音上开设官方号，其中一个非常重要的目的就是传递卓越的雇主品牌形象，吸引优秀的年轻人才加入。

雇主品牌与企业文化紧密相关，在很多企业内部也是同一个部门在负责，如人力资源部门。这就提示人力资源部门加强品牌意识，重视企业文化对雇主品牌的协同工作。

2009 年，《奈飞文化集》在硅谷被疯传，阅读和下载数量超过 1500 万次，被 Facebook 前首席运营官谢丽尔·桑德伯格（Sherly Sandberg）称为"硅谷最重要的文件"。

这本书的作者是奈飞的前首席人才官（CHO）帕蒂·麦考德（Patty McCord），她担任该职务 14 年，是奈飞文化平台的创建者之一。在书中，她详细介绍了奈飞如何定义自身需要的人才，如何定义企业与员工之间的关系，员工在公司内遵循哪些基本行为原则。其中很多说法都被业界广为传颂，如"我们只和成年人合作""要让每个人都理解公司业务"等。这些企业文化理念，极大地丰富了奈飞的公司品牌内涵，吸引了许多认同奈飞企业文化的人才。

公司品牌管理的"形散神不散"

作者曾为一些优秀的多元化企业提供过公司品牌管理咨询服务，如宝钢集团、中航国际集团、中纺集团、海尔集团等，在服务的过程中充分意识到公司品牌是全面品牌管理的顶层设计的核心承载物。

开展公司品牌管理工作，应遵循"形散神不散"的原则。虽然公司能力、企业文化、战略理念等皆具有公司层面品牌运作的价值，但这些具体的品牌化工作，始终要紧密围绕公司的整体战略定位和竞争策略。

公司品牌离不开品牌使命、愿景及价值观，它们是公司品牌的灵魂，指导着全面品牌管理工作的开展。

数字时代到来，海尔的公司品牌进行了重要迭代。它放弃了过去的家电制造企业的公司品牌定位和业务属性（品类），开创性地提出新的定位——"全球领先的美好生活和数字化转型解决方案服务商"。

在新的集团战略定位的指引下，2019 年海尔集团的家电业务从"海尔电器"更名为"海尔智家"，新的公司品牌愿景是"成为全球消费者美好住居生活方案的提供商"。为了满足消费者的个性化需求，海尔进一步创建了全新的三翼鸟品牌。这是在公司战略定位基础上，为更贴近客户的日常生活而创建的个性化智能居家生活场景品牌。三翼鸟品牌的品牌内涵以空间（客厅、阳台、厨房、卧室等）为切入点，以空间的生活（卫浴、全屋空气、全屋用水、全屋视听）为背景，再落实到各种具体的智慧家电，让抽象的技术理念具象化为生活场景和触手可及的产品。

二、聚动能：提升公司品牌组合的协同竞争力

分层发力，建立公司品牌的架构

很多跨国公司不止有一个品牌，甚至不止有一类品牌。开创现代品牌管理体系的宝洁公司，在全球范围内拥有超过 300 个品牌，之后为了节省市场费用，一举削减 100 个品牌。

公司品牌架构包括品牌层级和品牌类型。品牌层级是指公司范围内，从上向下覆盖的品牌层次类型。品牌层次类型通常分为公司品牌—事业部品牌—产品线品牌—产品品牌。不同层级的品牌面对不同的受众，发

挥的作用也各有不同。不是每个企业都存在如此丰富的品牌层次，企业可以根据业务发展的需要增加、减少品牌层级。

公司品牌代表了公司整体形象，公司品牌的受众是最广泛的外部利益相关者，包括客户、合作伙伴、投资者以及社会大众。公司品牌为公司各项业务和产品提供了"整体品牌背书"。

事业部品牌代表的是企业将相关业务进行整合后形成的"事业单元"，它是为了方便事业单元开展市场工作而规划的子品牌。同一事业单元的业务，在技术、客户方面具有高度的相似性，因此在事业部品牌的框架下，各业务能发挥协同效应。事业部品牌常见于多元化企业集团的品牌架构之中，例如海尔金控便是海尔集团聚焦个人及公司金融业务的事业部品牌。

产品线品牌、产品品牌依托于具体的产品，广泛应用于市场推广和销售的各场景中。产品线品牌、产品品牌面向目标客群，目的是传递价值，提供体验，塑造认知，从而影响目标客户的购买行为。

产品品牌有时与公司品牌保持一致。例如，农夫山泉股份有限公司旗下的瓶装水品牌直接采用了"农夫山泉"作为品牌名称，公司品牌与产品品牌一致。当人们在谈论农夫山泉时，既可能在说一瓶纯净水，也可能指一家上市公司。农夫山泉股份有限公司旗下的其他产品线则采用新的品牌，例如茶饮料就采用了东方树叶作为独立的产品线品牌。

在现实中，公司品牌层级与公司业务的发展相辅相成。一方面，业务持续不断地发展会衍生出丰富的品牌层次需求；而另一方面，各品牌层级相互协同，能赋能公司各项业务、产品的发展，为企业建立综合竞争优势。

各司其职，用品牌组合支持策略意图

品牌是链接企业与人群的重要工具，企业的市场策略组合需要相应的品牌来帮助落地。企业要在多个细分市场开展业务，必然会面临单品牌或多品牌的策略选择。如果企业采取多品牌策略，则要考虑母子品牌之间如何协同的问题。

在追求"规模"的市场与追求"利润"的市场，客户的价值需求差异很大，适合采用彼此独立的品牌策略。

企业采用多品牌策略，可以使每个品牌针对性地建立品牌定位，更精准、更充分地满足单个市场与客群的需求，但多品牌策略对企业的市场资源和能力提出了更高的要求。例如海尔集团就采取了海尔与卡萨帝双品牌发展的策略，分别服务全球中端与高端市场。根据海尔智家发布的 2021 年年报，2021 年卡萨帝年销售额达 129 亿元，成为国内高端家电的代表品牌。

由于强大的公司品牌能促进新业务的发展，许多企业采用了统一品牌策略。作为多元化业务集团，西门子集团的业务横跨工业品及家电产品。为了促进业务发展，西门子采用了统一的品牌，覆盖所有的业务和产品。

统一品牌操作简单，企业通过聚焦资源于单一品牌，进而覆盖旗下各品类。不过，单一品牌有一个明显的劣势，即"一荣俱荣，一损俱损"。任何一个产品或业务的失败，都将会对统一品牌造成负面影响。2011 年，西门子在中国市场发生了"冰箱门"事件，对西门子品牌造成了阶段性的负面影响。

在多品牌策略与单一品牌策略之间，企业还可以采取母子品牌协同的过渡策略。

常见的母子品牌协同策略，是通过母品牌的强大背书，以建立产品线品牌的方式，将母品牌的整体势能与子品牌的具体价值点进行结合。

中国新能源车领导品牌比亚迪采取的就是这一策略，在比亚迪的公司品牌之下，打造了王朝和海洋两个产品线品牌。王朝系列细分为汉家族、宋家族、秦家族等产品，堪称比亚迪销量的担当。而海洋系列则走的是年轻化路线，以更多运动元素和海洋生物灵感满足年轻人的需求，该系列旗下有海豹、海豚、驱逐舰 05、护卫舰 07 等产品。

品牌组合策略并无定式，无论是采用单一品牌策略，还是多品牌策略，都有成功的案例。企业需要根据自身的资源状况、原有的品牌资产和市场竞争环境，选择最适合企业的品牌组合方案。

公司品牌与产品品牌互相促进

在应对市场竞争、满足客户需求时，企业经常会遇到以下问题：公司品牌与事业部品牌、产品线品牌与产品品牌，应该保持什么关系？

我们可以从两个角度去综合考虑：一是从满足客户需求、促进目标客户购买的角度去确定二者之间的关系，宜统则统，该分则分；二是从充分发挥品牌资源优势、提高品牌投入产出比的角度去确定二者之间的关系，统分结合，协同发展。

一方面，客户心智资源是有限的，如果所有产品都采用公司品牌，有可能会模糊客户心智，不利于产品销售；另一方面，企业的资源和能力也是有限的，如果每个产品都采用独立品牌，会造成品牌资源的巨大浪费，大幅增加品牌投入的成本。如果从两个角度综合考虑，企业可以更清晰地设计品牌层次，发挥各品牌层级的协同竞争力。

公司品牌与产品品牌之间，并不是非此即彼的关系，而是互相促进的关系。公司品牌有助于产品品牌的打造，每一款成功产品的背后，一定有强大的企业做支撑。产品品牌在推广宣传的过程中，不断强化公司的使命、愿景与价值观，极大提升了客户对公司的信任，反过来夯实了公司品牌的根基。

部分营销专家认为，每一款产品都应设置单独的产品品牌，以承载差异化的客户价值，这样会降低客户的认知成本。然而，他们忽略了一点，这一品牌策略有它的适用范围。

以宝洁为例子。宝洁被认为是现代品牌管理模式的开创者，每一款功能独特的产品都采取用了独立的产品品牌，每个"品牌经理"就像一个迷你版的"公司总经理"。宝洁的品牌经理负责用户需求的洞察、产品促销和广告传播以及本品牌的整体发展策略。比如，在洗发水产品线，宝洁就推出了飘柔、海飞丝、潘婷、沙宣等产品品牌，每个品牌都有独特的品牌价值和各自的目标客户。

为了支持各个产品品牌独立运作，宝洁公司在全球范围内投放了大量的广告，2021 年在全球投入的广告投入达 115 亿美元，是全球最大的广告主之一。近年来，宝洁公司意识到这一品牌模式存在局限性，浪费了大量的广告资源。

2017 年，宝洁宣布大幅度缩减品牌总数，在消减 100 个品牌的基础上，计划再消减 135 个品牌，最终只保留 65 个左右。在大刀阔斧砍产品品牌的同时，宝洁公司还在每个产品品牌广告的结尾处，强化宣传宝洁公司品牌。显然，宝洁公司希望通过产品品牌的市场推广、广告宣传活动，让客户更加认可、信赖宝洁公司品牌，让在产品品牌上投入的每一分钱都能收获双重价值。

品牌组合的背后是业务延伸管理

品牌组合是每家企业都会面临的棘手问题。特别是在业务与产品线延伸的情况下，企业必须考虑如何有效发挥品牌资产，助力业务与产品线延伸。有品牌意识的企业家，会将品牌建设作为业务延伸的重要支点，将产品能力之"实"与品牌资产之"名"协调管理，为新业务、新产品线打开认知通道，进一步强化品牌的认知优势。具体内容可以参考本书第八章。

三、审时势：让公司的品牌做"时间的朋友"

品牌管理的"大周期"与"小周期"

时间是人类用以描述物质运动过程或事件发生过程的一个固定参数，它代表不受外界影响的周期变化规律。

在商业实践中，时间具有广泛而深刻的意涵。中国自古就有"时移事易"之说，中国传统商业智慧十分强调"时机"。

随着时间的推移，品牌和品类赛道也在不断演进和变化，企业管理者要从更长的时间维度来判断品牌的发展阶段，从而做出"合时宜"的品牌策略。

我们可以将公司品牌管理分为"大周期"与"小周期"两个阶段。"大周期"指品类发展周期；"小周期"指品牌发展阶段。品类发展周期与品牌发展周期并非完全同步，大小周期之间的"错位匹配"给品牌带来了独特的发展机会。

品类发展周期，通常包括品类引入期、早期成长期、快速成长期、规模成熟期以及衰落期等五个发展阶段。

在"2021—2022中国空调行业高峰论坛"上，中国家用电器协会秘书长王雷透露，"按照协会的测算，我国空调的社会保有量5.4亿台，国内零售市场每年大约5000多万台以上的销量，其中一大部分是更新需求带来的，也就是对社会保有量的更新，而且这些是靠存量换新需求所驱动的"。可见，当前中国空调市场存量规模巨大，但每年销量基本稳定，已经进入成熟发展阶段。

品牌发展阶段的分类方法也有很多，通常包含品牌进入期、品牌成长期，品牌成熟期、品牌老化期四个阶段。品牌所处发展阶段，对内意味着资源与能力的丰沛程度，对外意味着目标客群对品牌的偏好度与价值满足程度。因为策略与能力的差异，每个品牌的整体发展阶段长短不一，企业管理者要根据品牌所处的阶段，制定出适宜的品牌发展策略。

基于时间的品牌策略 = 品类发展周期 × 品牌发展阶段

品牌势必属于某一品类。而借鉴生物学的分类体系，品类也分为宏观品类和更具体的微观品类。比如上汽通用五菱的五菱宏光，既属于乘用车的大品类，也属于微型车的细分品类。品类发展阶段体现了品类赛道中各品牌发展状况的合集，它直接影响品牌发展的外部环境，是企业制定品牌发展策略的基础。由于不同品牌进入品类赛道的时间有先后，每个品牌发展阶段也有差异。品类发展阶段与品牌发展阶段之间的"智慧匹配"，能让品牌成为"时间的朋友"，获得新的发展机遇。

以下是几个典型的基于时间的品牌发展策略。

品类引入期的初创品牌品类引入期意味着全新品类的面世。开创品类的初创品牌，品牌自身的发展等同于品类的发展。初创品牌发展的核心，是从满足用户的底层需求出发，用新的方式更优异地满足客户的需求。初创品牌通常不会受制于客户的现有品类认知，而是开创性地将新技术、新创意应用在产品开发上，继而对原有的产品品类进行颠覆与重构。

1885 年 9 月 5 日，奔驰汽车创始人之一卡尔·本茨发明了世界上第一台使用汽油的内燃机汽车。这意味着汽车正式作为一个新品类出现在市场上。世界上第一条汽车广告出现在 1898 年 8 月 13 日的《科学美国人》杂志上，"DISPENSE WITH A HORSE. THE WINTON MOTOR CARRIAGE"。翻译过来就是"让骡子和马都歇了吧，温顿牌汽车"，这家汽车厂商是位于俄亥俄州克利夫兰市名为 The Winton Motor Carriage Co. 的汽车制造商。这则广告形象地说明了新品类对原有品类的替代。

1903 年福特汽车创立，由于率先抢占了品类先机，福特迅速发展成为世界最大的汽车公司。创始人福特曾经说，"如果你问客户他们需要什么，他们一定会说更快或更舒适的马车，直到他们看到汽车"。在此阶段，品类引入期的初创品牌将获得品类增长所带来的巨大红利。

品类引入期的成熟品牌从字面看，品类引入期与成熟品牌好像是矛盾的。一个处于早期的引入品类赛道，为什么会有成熟品牌呢？

纵观商业发展历史，很多新品类往往来自原有品类的进化与客户需求的细化。如果成熟品牌对新品类没有足够的敏锐度，不及时跟进，那么就会面临被市场淘汰的命运。

柯达作为传统胶片品类巨头，已经掌握了数字照相技术，但由于对传统胶片技术过度自信，对规模庞大的冲印店过度依赖，有意无意地忽略了数字照相技术对传统照相行为的冲击，并没有及时大举跟进，最终不得不于 2012 年进行了破产保护。

阿里巴巴创始人马云有一句名言："看不见、看不懂、看不起、来不及。"成熟品牌要居安思危，拥抱任何一个可能颠覆行业发展的新变化，才有可能实现基业长青。

很多行业巨头通过建立生态平台、向市场开放基础能力、孵化新生品牌等多种方式参与行业进化与需求细化的过程。海尔集团创建了海创汇，向企业内外部创业团队开放产业制造平台，截至 2023 年，海创汇已在全球 12 个国家布局了 40 个加速器，汇聚了来自全球的 4000 多个创业项目。

新老客群切换时的老品牌新一代消费者走向舞台中央，意味着老一代消费者退居幕后。随着时间的流逝，经典品牌通常会面临品牌老化，如何让品牌年轻化已成为现实且迫切的问题。

一些企业采用新品牌来满足新时代的需求，避免让年轻群体产生品牌属于"老一代选择"的错觉；另一些企业则通过老品牌焕新，赋予老品牌新的生命力，使其历久弥新，甚至成为网红潮牌。

百雀羚是一个 1931 年诞生于上海的老字号护肤品牌，已经历 90 多年风雨。从 2000 年开始，百雀羚意识到企业发展的关键是品牌年轻化，它针对年轻一代消费者，用数字化的方式、时尚化的表达，重新演绎了一个又一个百雀羚的经典故事。

例如，百雀羚启动了题为《1931》的 H5 长图传播，获得了过亿量级刷屏，带动"月光宝盒"日销 1140 万元；《包公美白记》全网病毒式传播，点燃至臻皙白系列产品线下热销潮；联手京剧大咖王珮瑜推出京剧面膜引爆全网追捧。这些经典的品牌营销案例，见证了百雀羚在品牌年轻化方面的一路成长。

记忆会随着时间衰减，品牌对客户的吸引力会随竞品的出现而降低，即使面对同一群体客户，也会如此。因此，企业要将客户对产品、服务的体验满意度考虑在内，从"知行一体"的视角发掘品牌的价值。

成熟市场的新品牌成熟品类市场，意味着头部品牌已经建立了领先的市场地位。面对这种需求已充分唤醒，原品类已完成教育的情况，新品牌必须避实击虚、出奇制胜，才能在现有头部品牌的包围下成长。它必须比成熟品牌更加聚焦于细分市场或边缘市场，必须比成熟品牌具有更鲜明、更独特的品牌价值。

在 2000 年之前，中国酒店市场以两种类型的酒店为主流：一种类型是软硬件条件好但价格昂贵的星级酒店；另一种类型是价格便宜但软硬件条件不足的旅社与招待所。以锦江之星、如家和 7 天为代表的经济型酒店，舍弃了酒店大堂、康体设施，将优惠的价格与卫生、安全和舒适的床铺结合起来，成为当时中国酒店行业的新品类。此后，经济型酒店一路高歌猛进，成为中国酒店市场最大的细分市场。根据中国饭店协会发布的《2019—2021 年中国住宿设施数量统计》，截至 2022 年 1 月 1 日，经济型酒店占中国酒店数量的 80%，客房数量占行业总数的 59%。

品类衰落期的品牌策略品类衰落期，意味客户的需求出现萎缩。面对这种情况，成熟品牌不应推出全新产品，而应选择通过价格策略来扩大市场份额，这就是所谓的撇脂策略。新品牌可以尝试用新的品类来满足客户的原有需求，在大品类赛道中切入更有增长潜力的细分品类市场。

中国曾经是世界自行车大国。2000 年前后，随着家用乘用车、电动摩托车的普及，传统人力自行车市场逐渐萎缩。近年来，随着中国群众健康与运动意识的提升，自行车赛道又开始回暖。

调研数据显示，2022 年中国消费者通常出于健身、代步、环保这三大目的而选择骑行，分别占比 62.6%、59.6% 和 54.7%。但这个阶段的自行车回暖，不是简单重复之前的自行车款式，而是一种全面的品类升级。

现阶段的自行车，无论在材质、科技还是款式方面都有着显著的提升。共享单车的出现，更是提升了自行车在个人出行场景中的存在感，很多上班一族在路程 3 公里以内时都会选择共享单车出行。

时间是品牌战略的朋友，而不是约束

中国企业管理者要密切关注品类与品牌的发展阶段，关注与时间紧密相关的外部条件，如需求变化、技术进步等。更重要的是，在这个过程中，企业不能被动地适应外部条件，而要因"时"利导，主动地将时间转化为品牌发展的有利因素，实现加速增长，甚至逆"时"增长。

第四章

第二策：创模式——品牌撬动企业商业模式

　　品牌不仅是提升企业市场竞争力的有力工具，而且是撬动商业模式创新的有效杠杆。

　　品牌撬动的商业模式，是以"轻资产"为核心的商业模式创新，它通过对客户认知、技术研发、人力资源、企业文化、生产制造等优势资源加以品牌化运作，用较少的货币资金与固定资产投入，获得较高的净资产收益率，让所有利益相关方都能获得品牌的红利。

　　轻资产商业模式创新，需要企业从所处的产业链环节出发，无限接近最终用户，从而使企业的利润最大化。因此，企业管理者在做战略规划时，要改变思维，将品牌当作驱动商业模式创新的关键要素，把品牌视为高回报的资产而非费用与成本。

一、品牌资产是商业模式创新的基石

获得"心智保障"的无形资产

　　资产，是企业通过过往努力积累，未来能为企业带来持续收入的各类资源总称。根据财政部《企业会计准则》的定义，无形资产指企业为生产商品、提供劳务、出租给他人，或为管理目的而持有的、没有实物形态的非货币性长期资产。可辨认的无形资产包括专利权、非专利技术、商标权、著作权、土地使用权、特许权等。其中，商标权和特许经营权就是企业在客户心智中的品牌资产，它们能给企业带来巨大的收益。

　　品牌资产是企业的核心无形资产。日本东京大学片平秀贵教授认为，

"品牌是继人力、物力、财力、信息之后的第五大经营资源，是公司特有的市场竞争财产"。从市场营销的角度来看，品牌资产是一种内化的心智资产，外显为客户对品牌的偏好、态度与行为。

品牌资产的定义很多，但大都是从企业的角度，分析品牌能为客户和企业带来怎样的收益。凯文·凯勒（Kevin Lane Keller）提出了基于客户行为的品牌资产定义："每个客户都有自己的品牌知识，不同的品牌知识塑造了不同的品牌行为。"他认为，客户关于品牌的知识网络是打造品牌资产的基础。

品牌知识包括客户对品牌形成的个性化的品牌想象、理解与情绪。不同的品牌想象、理解与情绪，会产生不同的品牌行为。客户对品牌的想象越丰富、理解越深刻、情感越深厚，越愿意自发种草、重复购买。这些积极的品牌行为，投入产出比非常高。它会为企业带来主动的"品牌流量"，从而实现精益增长。

在数字时代，品牌资产也发生了进化，大致包括品牌知名度、品牌认知度、品牌满足度、品牌共鸣度及品牌推荐度。

品牌知名度与认知度是品牌资产的基础。企业在创造品牌时，首先要让品牌名称、关键价值点更容易被客户记忆，并产生积极的联想。在数字时代，品牌认知度的内涵进一步延伸，其中就包括品牌专属的品类昵称。数字时代，搜索是客户主动获取品牌信息的关键动作。无论对哪个品牌而言，搜索流量都是最高质量的流量。品牌昵称具有唯一性、独特性，甚至具有品类属性，它能够激发用户主动搜索的欲望，比如雅诗兰黛的"小棕瓶"。

品牌满足度是品牌成功的前提，它体现的是产品、服务满足用户基本功能需求的程度。例如，家用空调用户的基本需求是制冷、省电、低噪声，乘用车用户的基本需求是质量可靠、操控自如、油耗低、维护成本低等。品牌满足度要求品牌直击客户"痛点"，通过产品创新为客户实现"爽点"。

品牌共鸣度指品牌要在超越功能之外满足用户的心理价值。心理价值既包括悦己、放松、开心等情绪价值，以及成长、激励、自我实现等社会价值。锐澳鸡尾酒提出的"一个人的微醺"，在调制鸡尾酒的口味之上满足了用户的心理需求，获得了巨大市场成功。2022年，锐澳营收高达 22.57 亿元。如果品牌所倡导的情绪价值与社会价值能与用户的需求形成共鸣，那么品牌就能和客户成为朋友，这种稳固的关系将为品牌带来无限的想象空间。

品牌推荐度体现的是用户主动地向身边的亲朋好友分享使用体验、对品牌内容进行主动转发、对品牌活动主动推荐的程度。虽然品牌的口碑效应在许多年前早已存在，但在数字时代，用户能通过社交媒体（如小红书、微信朋友圈等）即时对品牌做出评价与推荐，在短时间内形成指数级的口碑裂变。

在数字化时代，产品颜值是衡量品牌推荐度的重要指标。高颜值的产品能够让用户主动晒图、自动转发，成为"自来水"。这不仅让企业节省了大量的品牌传播费用，而且让企业收获了一大批忠实的拥趸。

例如，冷萃咖啡代表品牌三顿半就具有很高的"成图率"，由于产品包装外形美观，用户往往舍不得扔，他们会自发地拍摄二次利用产品包装的图片，将照片分享在社交媒体上。这种动作极大地提升了三顿半的品牌传播效率，实现了人际圈层的病毒式扩散。

品牌资产的建立并非一朝一夕之功，一旦建立，意味着企业对客户实现了"心智锁销"，在同等条件下赢得了市场竞争的先机。在不确定时代，品牌资产意味着未来收益的确定性。越来越多的企业愿意花费远超账面价值的价格去收购另一家企业，一个非常重要的原因就是品牌资产带来的确定性。

20世纪80年代以前，企业估值一般是企业收益的8至10倍。此后，在全球性的兼并收购浪潮中，企业收购价格远高于被收购者的净资产，例如雀巢收购Rowntree的价格是后者股票市值的近3倍，是后者收益的26倍。如此高的收购溢价，体现的是品牌对用户的巨大影响力，反映的是品牌资产带来的未来收益。可见，品牌资产对一个企业来说是多么重要，尤其在当前充分竞争的市场环境下，品牌资产更加弥足珍贵。

当品牌遇见商业模式

商业模式一直是战略管理领域的"热词"。根据通用定义，商业模式指企业以何种方式开展客户及客户价值经营与获得收入。清华大学教授朱武祥认为，商业模式的核心是利益相关者之间的交易结构与方式。

品牌资产能对客户行为产生积极的影响，如优先购买、溢价购买、主动推荐等。拥有品牌资产，就意味着企业拥有了一定的市场基础。在品牌资产的基础上，企业可以采用"以市场整合工厂"的发展模式，实现轻资产经营，如迪士尼的品牌授权，麦当劳的品牌连锁加盟等。

通常，企业通过自我滚动式发展，慢慢积累企业发展所需资源，但在轻资产经营模式下，企业可以在短时间大规模聚合外部资源，实现快速成长。不少行业龙头都是通过这一方式成长起来的。

轻资产经营模式是一种以品牌为核心的产业链虚拟供需联合方式。

品牌是企业与所有利益相关者沟通的最佳载体，品牌与商标的本质区别在于，它与所有利益相关者建立了价值共识、情感共鸣。它不仅有效解决了从产品到商品的惊险一跃，而且凭借这惊险的一跃，品牌方得以在上下游合作伙伴中，掌握建立高度信任关系的主动性。

在全球化的大背景下，产业链的分工日趋明晰。品牌资产的积累并非一朝一夕能完成，它需要专业的思维、专门的人才，更需要持续不断的资源投入，风险高、难度大。但是品牌资产一旦形成，就拥有了产业链的话语权。在很多行业，拥有品牌资产的企业在产业链分工中逐渐占据主导地位，成为产业链中的"价值枢纽"。

在服饰行业，耐克经过数十年的品牌建设、市场推广与渠道建设，积累了丰厚的品牌资产，耐克有巨大的采购需求，因此它在产业链中拥有绝对的话语权。它将生产制造外包给专门的规模化代工企业（如宁波申洲国际）。申洲国际为了保持与耐克之间的紧密合作，设立了特定生产线和生产车间，专门用来服务耐克。

对耐克而言，这就是一条以品牌为核心的轻资产经营之路，它不追求整个价值链的完全内部化，而是将产业链中低附加值且供应商众多的生产制造进行外包，自身专注于高附加值的品牌打造、产品设计。耐克通过强势品牌聚合外部资源，构建了一体化的生态系统，产业链的中上游成员，以品牌为号召，自愿成为品牌生态系统中的一部分。

在中上游供应链高度成熟的行业，终端用户品牌就有机会，凭借认知基础和信赖，实现向上整合。在我国服装行业，美特斯邦威、雅戈尔等初步建立品牌影响力的企业，都建立了各自的品牌生态系统。

二、打造品牌驱动的轻资产型商业模式

以品牌为核心的商业模式，帮助企业实现从无形资产到有形资产、从市场到工厂的反向整合。因此，它具有由虚向实、以终为始的特点。

由虚向实，首先强调的是企业要优先建立基于客户心智的"柔性竞争力""心智护城河"。只有客户对产品所代表的使用价值高度认可、对品牌所代表的情感与社会价值高度认同，品牌才可能聚合更多的上下游资源。

在当前的消费环境下，一个缺乏客户心智基础，价值不被客户认可的品牌，既无法纵向整合上下游，也很难横向延伸业务线，更别说获得超越行业平均水平的溢价能力。

亚朵酒店就是品牌驱动的典型代表。亚朵一词来自云南一所避世的小山村，当年亚朵创始人路过此地，立刻就被其独特的人文景观所吸引。亚朵从一开始就没有对标星级酒店，没有在硬件装修上拼投入强度，而是另辟蹊径，花心思全力塑造酒店的人文场景，赋予酒店人文、温暖、有趣的品牌调性。亚朵酒店推出之后大受好评，成为最受中产阶级欢迎的酒店之一。

2020 年，亚朵集团宣布旗下场景零售品牌亚朵生活升级为亚朵百货。目前亚朵百货已孵化三大品牌，α TOUR PLANET 亚朵星球、SAVHE 萨和、Z2GO&CO.，覆盖睡眠、香氛个护和出行领域。从亚朵生活到亚朵百货，亚朵依托品牌将业务版图大大扩展。

以终为始，重点强调的是企业要从客户感知价值的角度去评价企业的经营过程与结果。只有以客户感知价值为起点，才能梳理出企业的经营脉络与企业内部的工作重心，避免资源浪费，提高资源效率。

尽管数字化极大降低了企业与客户之间的沟通成本，但由于发展惯性、能力束缚、获客成本高等问题，上游制造企业无法围绕客户的需求产生高效连接。这为品牌企业带来了巨大的机会。

仍以亚朵为例。亚朵百货围绕超过 2500 万忠诚会员的出行痛点，洞察客户的上亿次入住体验需求并收集实际反馈，反向研发设计产品。之后的制造环节是向上游制造企业代工完成。

截至 2021 年 3 月 31 日，亚朵百货三大品牌已开发出 1136 个 SKU，其中包括销售爆款的酒店记忆枕、曲线高低枕，以及专为夏季研制的凉感凝胶记忆枕等。

品牌授权的升级

品牌授权的本质是品牌相关的核心能力在价值网络中的溢出。

由于特许品牌整合其他资源具有明显的规模经济效应，许多品牌导向型公司常常运用这种方式来构建强大的市场营销网络。即便是重资产型企业，也可以通过品牌的市场号召力，整合外部资源，转型为轻资产企业，提高经营水平。制造型企业常常通过供应商认证或质量认证，将质量标准推广到上下游公司，从而保证稳定一致的产品品质。

在剑桥技术伙伴公布的白皮书《竞争的新领域：一体化的价值链》中，将价值链整合定义为"在同一个细分市场中的多个公司，以增进客户感知价值和优化价值链效率的方式，对从原料产地至终端消费点的产品、服务和信息流进行协作计划、实施和管理的过程"。

在数字时代，品牌成为整合上下游资源的"吸铁石"，品牌授权升级到以品牌为核心的全价值链经营。借助数字化平台，企业可连接供需双方，促进交易达成。

南极人电商凭借"品牌授权＋电商平台服务"的新模式，实现了向轻资产经营模式转型升级。1998年，南极人品牌创立。此后，它以极具魄力的市场营销活动，在保暖内衣品类实现了巨大的成功。自2002年起，连续4年成为中国保暖内衣市场的领导品牌。但随后由于市场竞争迅速加剧，企业经营陷入了困境。

如何突破品牌发展的困境？南极人的突破没有从传统的新产品开发、拓宽销售渠道开始，而是选择了从商业模式创新开始。2008年至2014年，南极人着手进行轻资产转型，卖掉原先自有的厂房和设备，保留了南极人品牌。2015年公司更名为南极人电商。转型后的南极人电商，不仅对合作伙伴提供品牌使用授权，更搭建数字化供应链平台，为品牌授权制造企业链接下游品牌授权的经销商与零售店铺。南极人甚至在电商平台上搭建南极人官方品牌店铺，直接为品牌制造授权企业提供线上零售流量。因此，南极人的品牌授权不只是给牌子，更是给合作伙伴客流。这些加在一起几乎是给了加盟企业一个完整的生意。

南极人以品牌为核心，以数字化平台为支撑，搭建了一个品牌生态系统。它通过南极人的品牌影响力，使上下游资源实现了供需联动。2019年，与南极人合作的经销商为6079家，在电商平台上获得13亿元的销售收入。南极人的主营业务并非在制造和销售自有产品，而是运营一个完整的商业闭环，其中包含品牌授权企业的多品类产品的生产与销售。

在品牌授权模式下，企业必须加强产品研发、品质管理和服务管理，以确保品牌生态系统的不同参与者，都能按照统一的品牌价值标准进行交付。在该标准之下，品牌授权企业须及时处理不符合要求的授权企业，才能保证品牌生态的持续健康发展。

品牌型生态系统

品牌型生态系统以公司品牌的巨大市场号召力为基础，吸引众多企业加入其中，继而培育出生生不息的企业集群。生态系统的成员企业，将共享核心企业的优势能力。尽管它们的商标、品类赛道各不相同，但在品牌核心价值、产品设计风格上，具有高度的一致性和辨识性。

小米生态就是品牌型生态系统的典型代表。小米以自身品牌的巨大客户号召力，为生态系统成员企业提供零售流量、供应链、资本等全方位的赋能。

对初创企业来说，最大的难题是引流获客。小米可以帮助生态系统成员降低流量的门槛，而且能带来强有力的品牌背书。

对于实现规模突破的企业，小米凭借自身巨大的采购量，协助生态系统成员对接供应链，获得行业最好的合作条件和配合度。这是很多初创企业凭借自身发展，在短期内无法实现的。

经过多年的积累，小米品牌建立了广泛的品牌知名度、美誉度与忠诚度，培育出了海量可持续经营的"客户池"。2022 年，小米全球 MIUI 月活跃客户数达到 5.82 亿，国内线下门店数达到万家以上。这些将为生态系统成员带来源源不断的流量与客户。

小米还能为生态系统成员共享供应链优势。小米采取的是制造外包模式，采购量巨大，对供应链具有相当的话语权。一方面，它能帮助生态系统成员争取供应商的支持；另一方面，它又能帮助供应商扩大订单规模。在规模效应之下，横向的品牌型生态系统、纵向的供应链生态系统进行合流，实现"成本—规模—效益"的良性循环发展。

此外，小米还能为生态系统成员提供资本支持。小米通过顺为资本、小米长江产业基金等，帮助生态系统成员解决资本难题。截至 2023 年 3 月，共投资了 405 家企业，但小米为保证生态系统成员的积极性和独立性，占股比例一般不超过 40%。

当然，并不是所有企业都能成为小米生态系统成员。小米选择生态系统成员的重要标准是认同小米品牌的核心价值，即通过自主研发、技术创新为客户提供高品质、性价比超高的"科技厚道良品"。小米对生态系统成员的品质与设计风格有着严格和统一的要求，这确保了客户体验的一致性，以及品牌认知的一致性。从长远来看，这保证了小米源源不断积累品牌资产。

小米在生态系统内部建立了市场化选择机制，并在相同赛道内引进不同的参与者。这不仅提高了生态系统成员的积极性，带给客户更多选择，而且有效地解决了生态系统成员固化带来的成长停滞，确保生态系统生生不息。

品牌型生态系统也不是以生态之名进行无限的业务延伸。客户对品牌的能力认知是有边界的，对于品牌价值的认识也是分品类的。客户会根据品牌知识与自身体验，形成对"品牌是什么、品牌擅长什么、品牌还可以做什么"的认知，这一认知模式，决定了品牌型生态系统的业务延伸模式与范围。

维珍集团是英国知名的品牌型生态系统企业。凭借其创始人特立独行、敢于挑战权威的个人形象，维珍集团成功打造了反传统、高性价比的公司品牌形象。虽然维珍以航空与唱片行起家，但维珍在行业发展过程中，凭借创始人的独特个性，发展出超越具体行业和产品特征的品牌定位，并借此进入铁路、旅游等行业。

然而，维珍集团在碳酸饮料上却栽了一个大跟头，它推出的维珍可乐根本无法与可口可乐、百事可乐抗衡。这是因为客户对维珍集团的品牌认知是有边界的，这一认知无法帮助客户回答"为什么维珍可乐比其他可乐更值得选择"。同时，维珍在美国市场的品牌号召力远低于英国，维珍也无法在线下渠道中获得足够高的铺货率。

品牌 IP 化

品牌 IP 化是轻资产运营的重要内容。

IP（Intellectual Property）的全称是知识产权，传统意义上的 IP 指可以在不同艺术形式之间进行多次开发的作品，如文学作品、影视产品等。比如，中国传统文学经典《西游记》就是一个长盛不衰的 IP，它跨越时间与艺术表现形式，被制作成电影、电视剧、戏剧及动画片等多种艺术表现形式，而书中人物形象更是被广泛应用于民间工艺产品之中。

在商业领域，IP 通常指具有形象、任务、情节、冲突与吸引力的无形资产，它能推动企业开展跨品类业务与可持续发展。优秀的 IP 能与人们产生文化与情感上的共鸣，具备表达时代情绪的世界观、价值观，带有某种文化符号的特征。IP 形象是丰富而多元的，它可以是企业家，可以是产品，也可以是卡通形象，还可以是具有传奇色彩的品牌故事。

经典的 IP 发展模式是，首先打造 IP、沉淀文化资产，然后通过品牌授权的方式跨品类覆盖，获得 IP 授权使用费。

美国 *Licensing Global* 杂志发布了《2022 年全球 TOP150 IP 授权商报告》，上榜的 88 家企业总授权收入达到 2608 亿美元，其中沃尔特·迪士尼以 562 亿美元再次夺得授权商品收入冠军。

迪士尼擅长内容创作，它创造了无数享誉全球的卡通人物形象。迪士尼创造了具有情节和故事性的"品牌资产"之后，利用观众爱屋及乌的移情心理，进行了广泛的品牌授权，授权产品涵盖玩具、服装、室内装饰、家具、小饰品、文具、健康及美容、食品、电子消费品、出版等领域。其中，最知名的星球大战、冰雪奇缘、漫威英雄等 IP 授权给孩之宝、美泰、乐高等玩具巨头。

品牌资产的产品化

很多人误以为，只有消费品企业才能做品牌授权，其实，工业品企业同样可以通过品牌授权进行业务延伸，进行商业模式创新。

很多工业品企业在财报中将品牌传播计入销售费用，但如果转换思路，将品牌作为 IP 授权到周边产品，那么既能获得品牌授权带来的收入，还能以更加贴近个人生活的方式，普及品牌的核心价值。

卡特彼勒是全球领先的工程机械及柴油机制造企业，2021 年年销售收入 510 亿美元，其中，Cat 是 Caterpillar 旗下的旗舰品牌，也是世界上最有价值的品牌之一。

在全球范围内，Cat 工程机器和发动机以卓越的质量和可靠性而闻名，Cat 徽标已经成为一种精神象征，代表着努力工作、坚韧不拔和积极进取的态度。

由于在科研技术、产品品质持续领先，卡特彼勒积累了具有全球影响力的品牌资产。如何更好地开发品牌资产？ 20 世纪 80 年代，卡特彼勒开始开展品牌授权业务，不断扩展业务疆界。此后，卡特彼勒的品牌授权业务发展迅速，迈入了从质变到量变的发展新阶段。

品牌授权业务给卡特彼勒带来三重好处。

（1）增加获利。品牌授权让卡特彼勒在消费品业务取得非凡成绩。*License Global* 发布的《2023 年全球顶级授权商报告》显示，2022 年，卡特彼勒授权商品的销售额全球排名第 22 位，年销售额达到 28.9 亿美元。卡特彼勒还能通过被授权者支付的权利金直接获利。

（2）降低风险。通过品牌授权，卡特彼勒无须投入额外的资金便可以延伸产品范围。从最初的工装鞋、休闲鞋领域，卡特彼勒的产品拓展到了鞋帽、服装、仿真模型、手机、手表、眼镜、压铸玩具等七大个人消费品品类。

（3）提高品牌知名度。在中国，工程机械属于大众工业品，客户既有各类工程企业，又有很多个人客户，以及各类机械的操作者。开展品牌授权业务后，卡特彼勒所影响的群体规模更加庞大。客户与用户对卡特彼勒的体验更日常化和直接。

卡特彼勒的工装鞋耐磨、防水能力好且安全舒适，其硬朗和率性的风格备受欢迎，无数欧美工人群体成为其忠实粉丝。通过品牌授权，卡特彼勒快速破圈，在全球范围内引发一股工装时尚风潮，赢得了无数年轻消费者的青睐。在这股风潮到达亚洲之后，很多知名港台明星都主动为卡特工装鞋打卡种草。洞察到商机之后，卡特彼勒乘势自建礼品店，建立了自己的品牌传播与产品销售阵地。

卡特彼勒的探索，一方面是基于品牌资产的产品线延伸，另一方面创新了制造型企业的品牌管理方式，值得中国制造型企业借鉴。

品牌与产品双轮驱动

品牌 IP 化，最终是要提高品牌溢价、促进产品销售，只有这样，才能形成完整的商业闭环。如果品牌 IP 本身具有足够的吸引力和故事性，甚至可以发展单独的文化产品，成为企业新的利润增长点。

美国孩之宝（Hasbro）就是其中的典型代表。自 1923 年创立以来，孩之宝公司从玩具制造起家，通过一系列 IP 运作，逐步成长为一家全球性的娱乐公司。2016—2018 年孩之宝的特许品牌授权收入分别占总营收的 47%、52%、53%，主要来自知名 IP，比如特种部队、小马宝莉、变形金刚等。

其中，知名 IP 变形金刚经历了一个"先产品、后 IP，然后 IP 与产品双轮驱动"的转变过程。20 世纪 80 年代，孩之宝公司为新推出的玩具变形金刚，推出了玩具宣传动画片。孩之宝公司惊喜地发现，产品宣传动画片取得了不错的效果，16 集的动画试播集在美国取得了极高的收视率，在星球大战、终结者等一众科幻 IP 大行其道的 20 世纪 80 年代，变形金刚竟在影视动画行业站稳了脚跟，《变形金刚 G1》最终推出了 4 季，共 98 集，此外，还开发了一部剧场版电影。

1987 年，孩之宝公司瞄准新兴的中国市场，主动提出可以免费转让动画播出权来交换变形金刚系列玩具在上海销售的许可。《变形金刚 G1》在上海电视台播出后，很快引发了相关玩具的购买热潮。

2007 年至今，孩之宝与派拉蒙公司合作，前后推出了 5 部系列科幻电影，电影本身也获得了巨大商业成功。在电影的带动下，2007 年，孩之宝公司变形金刚系列产品相关的收入总额约为 4.82 亿美元。玩具为电影持续培育了粉丝群体，而电影又为玩具赋予了故事性和人物性格。二者相互促进，获得了"1+1>2"的效应。

在品牌 IP 化运作方面，中国也有不少成功案例，海尔集团创造的海尔兄弟系列卡通片就是其中代表。该部动画片由海尔集团和东方红叶动画共同投资拍摄，总共 212 集。1995 年开播，2001 年封镜，《海尔兄弟》动画片创造了当年最长动画片、世界第 4 长动画片的纪录，也成为当时世界上由企业投资拍摄的最长动画片。《海尔兄弟》动画片影响了一代中国儿童，为海尔沉淀了不可估量的品牌资产。

基于品牌的资本运作

卡普费雷尔在《战略品牌管理》一书中写道，"1980 年以前，企业想购买的是生产巧克力或意大利面条的厂家，而 1980 年以后，人们则竞购知名品牌。这有很大不同，前者购买的是生产能力及固定资产；后者则收购的是，客户对被收购品牌的积极品牌态度和购买行为偏好"。

品牌有着特定的社会表达属性，例如时尚品牌、奢侈品品牌，它们引领潮流走向，具有浓厚的文化属性。在这些领域，企业之间的并购重组，并不看重标的企业的固定资产，如生产设备、厂房大楼等，更看重品牌历史、品牌故事、设计风格等无法在短时间内简单复制的无形资产。这些无形资产才是品牌持续盈利的重要保障。

因此，品牌资本运作是将品牌心智资产与财务指标数据有机结合的结果。如果仅从营收、利润、资产、负债、现金流等财务指标来评价标的企业，而忽略品牌心智资产这一关键要素，那么很难得出标的企业的真实价值。

1987 年，酩悦·轩尼诗与路易·威登合并成立 LVMH 集团。在传奇董事长贝尔纳·阿尔诺的带领下，30多年来，LVMH集团经过70多次并购之后，一跃成为全球最大的奢侈品集团。

LVMH集团的并购策略有三大特点。

第一，极为看重品牌渊源、品牌定位、品牌形象，而这些过往的无形资产沉淀，将为并购后的品牌复兴提供强大的动能。

第二，相较于品牌当下的经营财务状况，它更重视品牌未来带来的收入。因此，它通常在品牌经营处于低谷时，果断出手，以非常优惠的价格获得品牌。

第三，寻找合适的设计师，对设计风格进行重新定义，通过改天换地、升级迭代，复兴被并购品牌。

以女装思琳（Celine）为例。1945年成立时，思琳就以高档鞋闻名于巴黎名流圈。LVHM接手前，思琳亏损高达1600万美元。并购之后，LVMH集团赋予其欧洲复兴的象征意义，并把它包装成现代奢侈品品牌。同时，将主营业务聚焦在利润率更高、存货周转更快的皮具产品上。一套组合拳下来，思琳的盈利能力大增，正式走上复兴之路。

对其他并购的品牌，如香槟品牌汝纳特（Ruinart）、钟表品牌真力时（Zenith）等，LVMH集团采取了同样的手段，而且屡试不爽。基于品牌资产的资本运作，让LVMH大放异彩，成为当之无愧的全球奢侈品之王。

创造新的零售利润增长点

在零售百货业，创新商业模式意味着创造新的利润来源。

过去相当长的时间里，零售百货企业采取的是租金模式，也被称为"二房东模式"。零售百货企业将展示空间、柜台货架出租给品牌方经营，获取一定的租金、销售扣点和服务费。零售百货企业只需要做好空间营造、线上获线下客流导入即可，做好这两项工作，就有可能获得更高的单位租金。

随着品牌日渐强大，越来越多的零售企业开始推出自有品牌商品，也成了"制造型零售品牌"。由于零售百货企业与终端客户有着更加直接的日常接触，比远离终端用户的品牌更容易建立信赖关系。在强大的终端信任背书效应下，其自有品牌商品更容易获得客户的选择。此外，它们在当地市场建立的品牌知名度与规模效应，能增强供应链整合能力，从而让其获得更多的议价空间。这种"反向一体化"的模式，无疑为零售百货企业创造了新的利润增长点。

在欧美市场，零售百货企业的自有品牌市占率高达 18% ~ 40%。其中山姆会员店的自有品牌销售占比达 35%。欧洲的奥乐齐超市（Aldi）自有品牌销售占比甚至高达 95%，真正实现了自产自销一体化。如今，中国零售企业也加大了自有品牌的力度，永辉超市自有品牌 SKU 数达一千个，盒马鲜生自有品牌数量已占到总 SKU 的 35% 以上。

从为品牌打工，到与品牌同行

对于很多以制造业起家的中国企业来说，品牌化发展是向上跃迁的必由之路。创建品牌是一件耗时、耗力的事，中国制造型企业如何扬长避短，在制造业优势的基础上低成本地创建品牌？

答案隐藏在产业价值链之中。一旦企业的品牌从 0 到 1 跑通品牌价值模型，就初步实现了产品满意度和品牌认同度。一旦迈过此阶段，就要扩大品牌的覆盖度，加强供应链建设。

在中国，很多消费品品牌在用户心中具有一定的影响力，但相关企业并不具备供应链管理能力。供应链管理能力是很难在短时间内就能获取的。这就为上游的制造型企业、供应链管理企业，提供了品牌化运作的机会。

利丰集团创建于 1906 年，是香港历史悠久的出口贸易企业，同时也是全世界规模最大的出口商之一，在全球 40 个国家有超过 35000 名员工。经过一百多年的发展，利丰从创立初期的贸易中间商发展成为今天的品牌供应链管理伙伴。

虽然以出口贸易起家，但利丰十分重视品牌的作用。它利用自身的贸易商优势，不断收购既有品牌（如玩具反斗城），直接切入品牌经营环节。它与一些成功的国际知名品牌签订区域性的品牌授权协议，一站式帮助这些品牌拓展终端零售市场，如 ROYAL VELVET 和 SIGNATURE 等。

利丰获得品牌授权后，并不是简单地成为品牌的加盟商，而是基于利丰 150 人的设计师团队，以及从工厂到店铺的供应链和门店管理能力，能为品牌方提供全面的品牌营销服务，解决大规模增长的难题。在这种合作模式下，利丰能获得品牌经营所带来的巨大收益。

从 OEM 到 OBM，从经营产品到经营客户

过去 20 年里，中国制造业处在全球产业链的底端，丰厚的利润被品牌企业拿走。由于未能直面终端客户，它们只能根据品牌方的要求按单制造，赚取微薄的代工利润。

但随着竞争的加剧，传统的代工生产模式难以为继。越来越多的中国制造企业开始从 OEM（代工制造）向 ODM（设计＋加工）、OBM（原创品牌＋设计＋制造）升级，实现了从产品出口到品牌出海的跨越。

以品牌为核心抓手、以高质量产品为基础，中国制造企业正在全球范围内，逐渐深入客户经营、渠道拓展等关键环节中，从而掌握产业链的话语权，获取更多的利润空间。

三、品牌经营是个战略问题

品牌经营模式实质上是一种基于"智慧竞争力"的商业模式。传统代工模式考量的是企业的成本与品质控制能力，品牌经营模式考量的则是企业满足客户需求的能力，以及经营整个品牌价值链的能力。

对很多中国代工企业来说，品牌是一个重大战略问题。在传统代工模式下，制造企业只需专注于做好加工制造，满足少数大客户的需求即可，商业模式十分简单，对组织能力的要求也不高。

在品牌经营模式下，制造型企业不仅要提高产品品质、提升产品设计能力，而且面对更多渠道合作伙伴，还要能与终端用户形成价值共振、情感共鸣。这意味着品牌需要强大的客户需求洞察能力、渠道管理能力与终端零售能力。

品牌驱动的商业模式，能帮助企业建立深层次的差异化战略。正如迈克·波特（Michael E. Porter）在《什么是战略》一文中提出的观点，产品卖点层面的差异化，只是最浅层面的差异化。在充分竞争的饮料市场，每年都会推出无数的新产品，各种卖点令人眼花缭乱，但没有哪一家企业能确保自己推出的新产品能成为爆品。这是因为浅层面的产品卖点差异化，很难在充分竞争的市场上建立真正的优势。如果企业建立深层次的差异化战略，那么竞品就很难简单模仿。

美国西南航空是美国民航市场唯一保持多年连续盈利的"经济型"航空公司。在美国西南航空的启发下，很多大型航空公司都开始进入经济型航空公司市场，但大多铩羽而归。这背后深层次原因是，美国西南航空的每个业务环节都是按照经济型业务来设计的，比如美国西南航空的乘务员在最后一名乘客离开机舱的过程中，就开始帮忙打扫机舱，这就极大缩减了航班的地面停留时间。而其他航空公司仍然按照大型航空的业务模式来运行"经济型"航空公司，自然无法获得成功。

在智能硬件市场，大多数中国企业采取的是代工模式，但安克创新不同，它从 2011 年创立开始就选择了打造自有品牌，直面全球消费者。安克以创新技术和智能硬件为核心，围绕智能充电、娱乐音影、智能家居、智能车载等领域做了深度布局。

通过不断创新，安克创新成功打造了智能充电品牌 Anker，后又推出 Eufy、Roav、Soundcore、Nebula 等智能硬件品牌。自 2015 年开始，安克创新启动中东、澳大利亚、南美洲、非洲、东南亚等地区的线下渠道销售，发展至今，它在全球 100 多个国家与地区拥有超过 5000 万客户。2022 年，Anker 荣获 BrandZ ™中国出海品牌 50 强第 12 名，Anker 多款产品获得德国红点设计大奖，累计收获 61 项专利。

品牌撬动的商业模式，意味着中国企业需要不断变革与迭代公司战略。虽然安克在消费电子产品端获得了成功，但消费电子行业是一条"速生速死"的赛道，安克如何实现持续的成功？它的解决方案就是，创建安克的品牌生态系统，将安克的内部能力和资源搭建行业孵化平台，吸引诸多有创意的创业团队加入其中。安克追求的不再是自己打造爆款，而是让平台上的每一个伙伴都具备打造爆款的能力，让每一个爆品都与安克相关。

第五章

第三策：优战略——品牌推动公司增长飞轮

近年来，世界面临前所未有之大变局，全球经济正处在衰退期，再叠加流量红利日趋见顶、消费阶层新老交替等因素，许多企业感觉到持续保持收入与利润的增长越来越困难，其中不乏一些知名跨国企业。在这样的大背景下，"增长"成了企业战略规划与市场营销管理的热词。

2017 年 3 月 23 日，可口可乐宣布，在马科斯·德·昆托（Marcos de Quinto）退休后将不再设立全球营销官（Global Chief Marketing Officer），而是在此基础上，合并客户、商业领导力和战略职能，创立了新的职位——"首席增长官"（Chief Growth Officer），直接向 CEO 汇报。除了可口可乐，高露洁、科蒂、好时等公司均设置了首席增长官一职。

增长是检验企业经营工作的核心指标，更是企业组织内外部经营活动的落脚点。一切过程性工作都要与企业的增长进行关联，才能实现手段和目的的统一，避免陷入追逐"虚荣指标"的误区。

例如，不少企业单纯追求品牌知名度，只关注曝光率、终端覆盖数量，忽略了用户的搜索、购买与分享行为。消费者行为学研究表明，让用户被动地知道，并不能代表用户有购买的意愿，更不代表用户产生购买行为，而没有购买行为，品牌就无法活下来，更谈不上增长。

拆解企业增长策略，有很多维度和类型。比如，按增长实现的时间周期，可以分为短期增长、长期增长及可持续增长；按增长的着眼点，可以分为收入增长、利润增长；按增长来源，可以分为开源式增长（即通过延伸产品线和扩大市场范围实现收入增长）、节流式增长（即通过内部流程优化和成本缩减实现利润增长）。

固然，条分缕析有助于认知复杂的问题，但也容易陷入孤立思考的"思维陷阱"。现实中，孤立思考的企业要么忽略用户需求与市场环境、一厢情愿地开展经营活动,要么不顾内部现有能力与条件、一味地追求外部机会,这样的行为必然无法获得理想的结果。因此,企业最高管理层不能故步自封地设计增长模式,而要搞清楚推动企业增长的底层商业逻辑。

很多优秀的中国企业家对底层商业逻辑有着独到的见解与深入的洞察,如任正非、张瑞敏等。他们能将之应用在战略决策与日常管理中,让企业的发展更科学、更符合客观规律。

辩证唯物主义的核心观点之一是"事物之间存在普遍的联系,不能孤立地看待事物,要用普遍联系的观点去看待问题和解决问题"。这一原理同样适用于商业领域。菲利普·科特勒(Philip Kotler)曾说过,"营销就是要有利可图地满足客户需求,从而实现企业自身的目的"。这就是运用普遍性原理去理解营销本质。

系统思考大师德内拉·梅多斯(Donella H. Meadows)将这种思考方式称为"在系统中思考"(thinking in systems)。她认为,系统思考有助于我们发现问题的根本原因,看到多种可能性,从而让我们更好地管理与适应复杂性挑战,把握新的机会,这是观察和思考世界的不同方式。

用模型管理公司战略成长

增长是中国企业高层管理者的核心工作。高层管理者要根据企业与行业的实际状况,将影响企业成长的各项因素进行系统性评估,并根据自身的独到理解形成"增长战略实施模型"。有了这个模型,才能在千头万绪中找到增长突破的关键点,理清各关键点之间的逻辑关系。

虽然"模型"一词略显抽象,但事实上,很多企业提出的"一体两翼""1+6+X"策略"战略屋"等说法,其目的就是建立一套战略实施模型。这套战略实施模型,不仅方便内部员工理解企业未来的发展方向,而且有利于各职能部门将其落实到各项具体工作中。

从系统论的角度看，最好的发展模式是实现"正循环"，即一旦启动系统中的要素，各个要素不断增强，实现良性循环。投资人常说的"复利效应"，就是典型的正循环。

构建一套适合企业自身的增长循环，是企业管理者的重要工作。增长循环也叫增长飞轮。它是典型的正循环。增长飞轮启动之后，整个系统就会进入持续发展的良性循环之中，并且不断自我进化、迭代升级。

最著名的增长飞轮是亚马逊创始人贝索斯曾提出"亚马逊增长飞轮"（如图 5-1 所示）。亚马逊增长飞轮显示：产品价格越低，客户体验越好，越能吸引更多客户，客户数量规模越大，流量就越多，卖家也因此更集中，平台能提供的产品种类就更多，客户购买更方便；与此同时，卖家分摊的单位成本越低，提供的产品价格更低，客户也就更多。如此循环往复，生生不息。

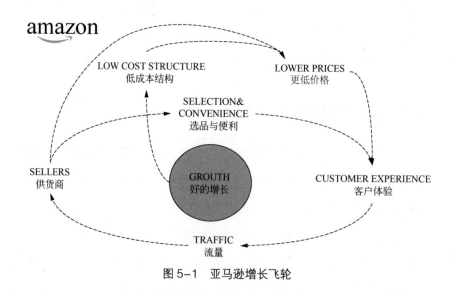

图 5-1 亚马逊增长飞轮

在亚马逊增长飞轮中，第一推动力是以更低的产品价格、更优的购物体验来增加对客户的吸引力。任何有助于实现这两个要素的行为，都需要优先得到保障。因此，亚马逊自建了物流体系，提供远超同行的物流速度和体验，这对保持客户对亚马逊的黏性极其重要。

无独有偶，面对当前的市场局势，京东创始人刘强东特别强调"低价"和"物流体验"对于京东平台增长的重要性。2023年，刘强东回归管理后再次强调，京东平台不输于其他平台的低价优势，才是引客及留客的必需因素。失去价格优势，京东将无法在激烈的电商竞争中持续增长。

当然，每个企业的内外部情况不同，构成增长飞轮的要素也不同，最终设计出来的增长飞轮也会有所不同。但这种构建持续循环发展的思考方式，值得中国企业家深入学习和实践。

一、增长飞轮的三要素

企业成长是企业内部与外部市场之间实现良性互动、共同作用的结果。成长既来源于外部客户的高度认同，也有赖于内部员工的一致支持。没有外部客户认同和购买，企业的内部活动只是成本；没有企业内部行为的支持，满足客户需求只是一句空洞的口号。

因此，企业管理者要确保企业内部与外部市场始终成为一个有机整体，尽可能实现内外部各要素之间的持续良性互动。

作者将影响企业增长飞轮的关键要素（如图5-2所示），简化总结为三个：市场期望、企业愿望与企业行为。

市场期望，是为了满足自身的需求，客户对品牌的产品、服务提出的主观要求。客户需求是增长的来源、竞争的焦点。它是个人感受的主观表达，因此，每个客户的期望各不相同。企业需要深入了解目标客户的多层次需求和各种主观期望。忽略市场期望的企业，经常会盲目地开展市场活动，最终的结果是南辕北辙，虽然企业很努力，但客户仍然不满意。

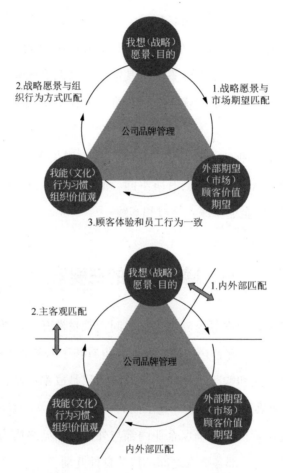

图5-2 增长飞轮的三要素

企业愿望，是企业管理者对未来发展的主动选择和提前规划，体现为企业战略、愿景与使命。企业愿望体现的是企业管理者对未来的期待，现状与愿景之间的落差，就是企业家奋进的方向、企业发展的动力。

企业行为，是企业管理者、员工的价值观与行为方式。比如，当股东利益、员工利益、客户利益发生矛盾时，不同的企业会有不同的价值判断。又比如，面向一个处在风口的新兴业务时，不同的企业家也会有不同的决策。企业行为具有相当大的惯性，因此，企业家要不断地强化企业文化建设，重塑价值观、组织行为。

这三个关键要素完全匹配，就会激发出巨大的增长潜能。

内外融合者生。菲利普·科特勒（Philip Kotler）提出，市场营销乃至企业存在的本质任务就是，通过满足外部客户的希望，实现企业自身的发展。如果企业愿景与市场期望相结合，以满足客户的需求作为内部工作的基本要求，那么品牌一定会获得客户的持续购买，企业增长能得到源源不断的动力。因为，市场期望达成了，企业愿景也就顺理成章地实现了。

上下同欲者胜。《孙子兵法》在谋攻篇提出"上下同欲者胜"。如果员工的价值观、行为方式与企业愿望不匹配。那么无论管理者如何努力，企业愿望也很难达成。因此，要实现企业愿望，需要在企业内部取得共识，这样才能获得上下一致、坚定的支持，在公司各层级、各部门强力推进。

言行一致者久。奥美广告的创始人大卫·奥格威（David MacKenzie Ogilvy）曾说过，"好广告让坏产品死得更快"。在产品、服务体验过程中，客户只有感受到企业及品牌的价值承诺，才能产生信任感，更愿意与企业建立持续的互动关系。一旦客户对品牌做出"名不副实"甚至"不诚信"的评价，不仅自己不会购买，而且会阻止身边的亲朋好友购买，甚至在社交媒体上给出差评。

只有市场期望与企业愿望、企业行为完全匹配，企业才能将市场期望转化成市场机会和企业愿望，才能通过与市场期望相一致的企业行为去实现增长。也唯有如此，企业才能打造可持续的增长飞轮。

道理很简单，但现实往往很"骨感"。

公司战略、愿景与使命通常由企业的最高管理层直接负责，企业文化、行为准则通常由人力资源部门以及行政部门主导实施，而客户需求、市场期望洞察通常由市场部门来完成。这种分工格局下，企业缺乏统一的部门去整合这三个关键增长要素，这就导致各部门各自为战、相互割裂。市场部的洞察成果，不一定会传达到企业的最高管理层；企业战略不一定符合市场期待、满足客户需求；最高层制定的企业战略，因缺乏与团队之间的充分共识，导致团队不理解为什么要做出改变。

因此，企业家要经常检视：公司战略与外部市场期望是否有足够的"默契"？企业文化体系中的价值观、行为方式是否支持战略、愿景与使命转变的实现？企业文化是否与市场期望相匹配？

企业愿望与外部期望不匹配，企业会有大麻烦

企业想成为的，一定是客户想要的吗？答案往往是否定的。企业需要客观了解客户对企业有怎样的期待，企业愿望是否及时回应了客户的期待。

2010 年前后，李宁推出了品牌更新活动。当时，李宁的新管理层提出"'90 后'新李宁"目标，希望将目标市场转向更年轻的"90 后"群体。因此，在这次品牌更新中采取了"去李宁化"策略，即有意淡化了传统李宁品牌中承载的民族自豪感，强化国际化、年轻化、时尚化，借此与耐克、阿迪达斯在同价格段展开竞争。

然而可惜的是，这次品牌更新使李宁陷入了"既失去了老客户支持，又无法获得新客户共鸣"的窘境。李宁当时的管理团队，忽略了"60后""70后"忠实客户对李宁品牌的印象，造成了新战略愿景与忠实市场期望的断裂。与此同时，看着 NBA 长大的"90 后"群体对李宁的新

品牌主张"make the change"缺乏共鸣。在他们眼中，李宁是国际大牌的"平价替代"，他们对李宁的期望是"日常在室外场地打球时穿的鞋"。

更麻烦的是，缺乏足够品牌支撑力的新李宁采取了提价策略。当时的李宁品牌的无形价值无法有效支撑高价格策略。这使得李宁在面对国际大牌时，缺乏足够的价值吸引力。这对李宁来说是一个巨大的挑战。

随后的财报数据显示，李宁公司从 2010 年营收 94.79 亿元下降到 2011 年的 89.29 亿元，再下滑至 2012 年的 66.76 亿元，降幅分别达5.8%、25.2%。

企业愿望与企业文化不匹配，会造成规划与执行"两张皮"的窘境

企业文化代表了企业的核心价值观，它是在过往发展过程中形成的决策方式、行事风格、行为方式等深层次的隐形因素。公司战略愿望既要反映外部客户需求，又要符合内部企业文化，否则很难落地。

公司战略愿望与企业文化不匹配的关键原因在于，没能及时地将组织"行为焦点"与公司战略"引爆点"对齐。

20 世纪 90 年代，英国航空（British Airline）开始拓展全球航空市场，这使得非英国本土乘客的比重直线上升，乘客的服务需求日趋多样化。为了适应这一趋势，英国航空提出要成为"世界范围内最受欢迎的航空公司"的愿景，愿景的重点是让英国航空服务风格更具有全球通用性和接受性。然而现实是，英国航空的机舱服务人员仍习惯坚持"英伦风格"的服务方式，他们不理解公司为何要淡化企业文化中固有的"英伦风格"，因此发动了大罢工，最后使得公司元气大伤。

abyb 是新锐饰品品牌。在快速发展的过程中，abyb 遇到了团队内部对品牌认知不统一的障碍。团队中的每个人都希望公司好，但每个人对品牌的理解都不一样。各部门更多的只是站在自己的角度看问题，很难

理解其他部门在品牌整体运营中所扮演的角色、所发挥的作用。

于是，公司通过重新梳理品牌战略，统一了团队内部的品牌认知，让每位员工知道品牌管理不是割裂的，而是公司战略的重要组成部分。通过这一方式，abyb 在公司内部实现了"知行合一"，解决了企业文化和战略之间不匹配的问题。同时，客户能更直观地感知到 abyb 的品牌承诺是什么。

企业文化与外部期望不匹配，会造成企业行为与市场期望成为两回事

现实生活中的客户显性行为发生在特定的触点和时间之下。客户会根据自我偏好，经历品牌的各类信息传播触点、客户服务触点以及产品体验触点。这些触点彼此衔接，承载了客户的全生命周期行为。客户当然期望在不同的触点上，获得形式不同，但品质如一，神韵一致的品牌体验。

作者参与的一项客户满意研究发现，现实中客户经常发现"品牌价值承诺服务兑现程度不一致"。造成这一现象的主要原因是，员工的行为方式没有与公司品牌承诺对齐。许多企业在制定战略后，未能及时在企业内部宣贯，也没有及时地重塑企业文化，导致员工行为方式与公司战略、品牌承诺脱节。

许多国内航空公司都制定了"服务制胜"理念，但部分航空公司的服务细节，却让乘客很难产生认同。例如，乘务员在发餐时会直接拍醒正在休息的乘客。这一行为从乘务员的角度看，确实是履行了职责。但从乘客的角度看，被人从熟睡中唤醒，很容易让人产生烦躁的情绪。那如何调和这一矛盾？部分卓越运营的航空公司面对同样场景，会选择不打扰乘客，而是在休息乘客的座位前贴上用餐的温馨贴纸，方便乘客醒来后再找乘务员送餐。

以上各种不匹配都来自企业的实践，而实现企业增长的关键，就是将这三个关键要素进行紧密衔接。那么如何实现这三个关键要素的匹配？品牌可以发挥自身独特的作用。

二、用公司品牌推动增长飞轮

外部期望、公司希望与能力之间的结合

市场期望代表的是外部顾客期望和机会；企业行为代表的是内部现有能力和资源。因此，企业愿望既要体现企业对外部新机会的把握，又要体现内部能力的提升与内部资源的整合。

全面品牌管理倡导"内外连接、协同共进"的理念，企业管理者可以用品牌对三个核心要素进行连接，以此推动企业的增长飞轮。

用品牌连通企业愿望与市场期望

成功的企业一定在企业与客户之间建立了良好的双向理解，实现了双向奔赴。不管是企业误解市场期望，还是客户对企业战略无感，都会导致无人捧场的窘境。

面对这一窘境，企业可通过全面品牌管理，解决企业内部愿望与外部市场期望的不匹配问题。这是一个持续的双向工作，既要让企业内部了解外部客户的真实需求，也要让外部客户了解企业的发展愿望。

用品牌来转化

企业管理者虽然将满足客户的需求作为制定公司增长策略的核心，

但很多时候，企业并不清楚客户当时的真实需求是什么。传统的做法是开展一项客户需求洞察项目，将客户作为研究对象，聘请专业团队进行研究。

而创新的方法是，企业最高管理者要模糊企业与客户之间的边界，建立"品牌旗帜"或"品牌社群"，以此感召与集合具有同样价值观的品牌粉丝，共同去完成一项具有独特价值与共同意义的任务。在价值共创的过程中，企业管理者转换身份，真正从客户的视角去理解客户希望通过产品来完成怎样的任务，体验产品在客户的生活中扮演什么角色，发掘客户与品牌之间发生何种情感关联。基于品牌社群创造的平台和活动，企业自然能发掘出客户对品牌的期望，也就自然地能找到"战略准星"。

21世纪初，电子游戏对传统玩具市场产生巨大冲击。为了应对挑战，乐高（LEGO）集团模仿竞争对手，开发了动作类的电子游戏，甚至涉足娱乐业务。虽然做出了战略布局，但乐高的焦虑感并没有减轻，未来到底应该如何实现增长，集团上下仍未形成统一的共识。

为了解客户对乐高集团的期望，乐高集团的高管和员工参加了世界各地的乐高粉丝线下聚会，和这些粉丝进行持续的直接沟通。通过这一方式，乐高集团意识到，对于忠实的成年客户来说，乐高的意义不仅仅是娱乐，更是自我表达与自我建造。他们认为，世界已经有太多的电子游戏公司，并不缺乐高一家，他们需要的是一家能更好赋能"自我建造"的公司。最终，乐高集团将客户的心声转化为未来公司发展规划，收缩了与"建造"无关的周边产品业务。

用品牌来转译

品牌转译，即企业从客户的视角、用客户的语言将公司愿景"翻译"

成与客户相关的"独特价值"。品牌转译的最终目的就是让客户"爱上"企业。

很多中国企业的愿景是成为"行业第一"，或者"最受尊重"。这种提法本身并没有错，但沟通时要讲究对象与场景。这类"我想"的说法适合企业内部沟通，但直接搬到客户沟通场景中，就会让客户十分茫然，进而产生困惑：你成为行业第一固然不错，但与我有什么直接关系呢？这有什么值得我去关注的？客户往往缺乏动机和能力去自行理解这些理念背后的客户意义。

因此，企业管理层要善用品牌工具，构建一套"基于客户视角的战略理念"，即将企业战略转译成品牌愿景、品牌使命与品牌核心价值，与客户形成价值共振、情感共鸣。将企业的内部话语转译为客户关心的"价值热词"，是其中的关键所在。

2009 年，中粮集团制定了全产业链战略，但这个全产业链如何为客户创造价值？该集团从客户视角提出了，"产业链、好产品"的公司品牌理念，描述打造从田间到餐桌的全自主产业链，将种植、仓储物流、深加工到零售的各关键环节统一纳入管控中，确保了粮油食品的全面安全。

在当时食品安全问题频出的背景下，中粮集团将公司战略与客户价值进行了直接关联，引发了无数消费者的共鸣。中粮集团将全产业链对客户产生的价值进行了直白表达，成功地将战略愿望转化为客户对"中粮"公司品牌的信任。

用品牌校准市场期望与企业行为

如何将客户价值准确地传递给客户？这就需要以客户价值为核心，引导企业各职能部门全面打通整个品牌接触链路，尤其是与客户有着直接接触的职能部门，如研发部、客服部与市场部等。

很多中国企业并没有发挥好品牌的引导职能，结果让企业和客户都很失望。由于企业各职能部门传递的客户价值并不一致，导致客户很迷茫：为什么在不同的接触点，品牌体验大相径庭，与品牌承诺南辕北辙？

其中的难点在于，如何让指导员工行为的企业价值观与代表客户价值需求的品牌核心价值实现同频共振。

企业基本经营守准则，如诚信、创新等固然重要，但这些很难转化成客户价值。很多人诟病企业文化"飘在空中"，就是因为它无法与业务相结合。这其中产生的认知差距，可以通过品牌来弥补。

在具体实施过程中，企业可以通过打通客户体验链路、升级客户满意度管理等方法将企业行为与市场期望对齐。

数字时代，客户与企业之间拥有全时间段的"全域触点"，它涵盖了无人接触点、有人接触点。有人接触点，包括线上、线下客户服务场景，以及其他企业成员与客户接触的场景。无人接触点，包括线上、线下不直接与客户接触的场景。无论是哪一类接触点，企业都应将品牌核心价值贯彻其中，不仅要让品牌体验链路更加流畅，而且在全流程服务中体现出品牌的核心价值。

在酒店、餐饮、航空等服务型行业中，在客户体验链路中贯彻品牌核心价值，不仅十分必要，而且意义重大。

美国西南航空是全球知名的经济型航空公司，通过可靠和廉价的航空服务建立了自己的核心优势。为了给乘客创造更多价值，它将"幽默"确定为品牌核心价值之一，融入机舱服务的机舱广播当中。乘务员幽默而又友好的"脱口秀"式表演，既履行了工作职责，也在旅行之余为乘客带去了更多欢笑。

在客户体验链路中，企业尤其要重视客户满意度管理。中国企业十分重视客户满意度，每年都会花费大量资源去做调研。然而，这些调研大多聚焦在客户对产品的整体满意度，并不能准确反映客户对品牌的满意程度。

在数字时代，企业应将产品满意度升级为品牌满意度。后者是以品牌定位、品牌核心价值为导向的满意度管理，重视市场期望与客户满意程度。在品牌满意度的调研中，企业往往会发现，客户对品牌核心价值的期望时刻处于变化中，之前具有市场竞争力的品牌核心价值，不见得适应当前的市场环境。

几年前，国内部分五星级酒店一度曝出卫生问题，导致很多高端商务人士住酒店时，首先关注客房是否干净、卫生。在这起危机事件中，一些酒店企业看到了发展的新契机，它们将干净、卫生当作品牌核心价值，并采用一次性浴巾包装、消毒药水清洁房间等措施提升客户体验，取得良好的成效。

然而，这只是阶段性的市场机会，当危机事件平息之后，如果酒店还一直用干净卫生作为品牌核心价值，那将失去对客户的吸引力。因为在常态下，干净卫生是高端商务人士对酒店的最基本要求，舒适、健康睡眠以及酒店的商务接待功能才是他们真正的关注重点。

用品牌让企业愿望获得内部共识

有共识才能获得支持。公司战略要得到彻底贯彻，首先要在公司内部凝聚共识、获得认可，从上而下制定的战略，更需如此。

企业文化是一个内涵无比丰富的集合体，它沉淀了企业在发展中积累的各种经营理念和组织行为准则。很多企业把它当作"制度背后的制度"，用来指导企业各项具体经营活动。例如《华为基本法》明确了华为未来战略发展的重大问题，确定了"奋斗者文化"的基本纲领。

许多中华老字号的企业文化，具有鲜明的中华民族传统文化背景和深厚的文化底蕴，随着时间的流逝，它们已成为企业最有价值的资产之一。例如同仁堂的"品味虽贵必不敢减物力，炮制虽繁必不敢省人工"的价值观，引发了一代又一代人的共鸣，成为同仁堂宝贵的品牌资产。

企业文化是核心战略资源。因此，企业战略与企业文化对齐，既是必要之举，更是应有之义。企业要在内部开展企业战略与企业文化的员工大讨论，确保两者对齐，完全匹配。在此过程中，要让品牌发挥引领作用，将品牌打造深度融入企业文化的议题之中。通过这种内部沟通方式，消弭企业战略与企业文化之间的隔阂，让内部员工更加理解公司战略，将其更顺畅地转化为具体的目标与行动。

处于变革期的企业尤其需要将企业战略意图融入企业文化当中，通过"品牌—文化"的一体化管理，让内部员工转换思维和行为方式，适应未来战略的需要。

2001年9月，美国通用电气（GE）的传奇CEO杰克·韦尔奇（Jack Welch）卸任，杰夫·伊梅尔特（Jeffrey R. Immelt）出任通用电气的新任董事长兼CEO。上任后，伊梅尔特推出了新的战略理念，一改之前通用电气采取的大量外部并购的发展方式，重新重视企业的内生式发展，并将企业的资源聚焦于解决重大的社会发展问题，如清洁能源等。

为了使内部员工都能深入地认知到公司新战略的价值，伊梅尔特在公司内部恢复了首席品牌官的职位，在通用电气在不同国家的分公司内，开展了长达一年的内部品牌沟通。通过这一方式，伊梅尔特凝聚了内部共识，使得内部员工对公司的战略期望有了全新的认知。

三、如何在品牌工作中融合文化与战略

企业在建立增长飞轮的理念模型跑通之后，可以通过品牌与企业文化、企业战略紧密融合，实现品牌工作一体化、企业文化外部化、企业战略科学化。

品牌与企业文化的一体化管理

品牌与企业文化的一体化管理，即将公司品牌与企业文化职能进行合并，实行管理职能一体化。

许多中国企业，并没有设立单独的企业文化部门，甚至没有设立品牌部门。部分企业将企业文化职能放在人力资源部门，通过企业文化体系中的职业观、责任观来指导公司的薪酬、考核与员工福利制度，提升员工的思想水平与敬业程度。它们将企业文化与人力资源管理职能合并，体现的是以内部为导向的文化人力管理理念。

彼得·德鲁克（Peter F. Drucker）曾说过，"关于企业的目的，只有一个正确而有效的定义：创造顾客"。满足客户需求，才能为企业创造更大的价值。因此，作者建议，企业可以尝试将品牌、企业文化管理职能进行合并，置于同一部门之内。如此一来，企业在规划企业文化、品牌体系时自然将二者纳入一体化考虑。

实施目的一体化。本质上，企业打造企业文化与打造品牌一样，目的都是推动企业持续有效地增长。在一体化管理模式下，品牌与企业文化能够内外衔接、相互呼应，创造出增长飞轮的效应，更加贴合顾客需求、符合市场期望。

品牌与企业文化的一体化管理，体现的是"内外一体"的增长理念，市场导向意识强烈。企业通过这一模式，使内部团队能充分了解客户的所思、所想与所求，并通过品牌定位、价值体系满足多层次的客户需求，通过品牌传播，影响客户的认知与决策。其中，企业文化是品牌价值传递过程中的重要亮点。企业文化中的核心价值观，可以外化为品牌的核心价值。

本质上，企业文化是打造公司品牌的重要组成部分，企业文化故事也是品牌故事的一部分。海尔在创业之初，为了提升企业内部的质量意识、塑造质量文化，将一批不合格的冰箱当众砸碎。这原本是针对内部员工的行为，却在外部广为传播，成为海尔最知名的品牌故事。海尔"砸冰箱"企业文化故事成功地塑造了海尔的公司品牌形象。

战略与品牌工作的并线操作

公司的战略规划与管理，通常由企业少数高层做决策，而且看起来，企业战略似乎与品牌的关联并不直接。为何要将企业战略与品牌并线操作？

打造公司品牌，是一个立体化的系统工程，不仅要面向客户的"商品市场"，还要面向投资者的"资本市场"，以及面向监管部门的"公共市场"。

面向客户，企业要提炼差异化的品牌核心价值，如此方能获得客户的青睐。面向投资者，企业为了获得宝贵的发展资金，就要将公司的战略成功地推销出去。一旦投资者认同了公司未来的战略，就会通过投资、购买股票等实际行动进行支持。

部分先进的中国企业，会安排战略管理部门与品牌管理部门紧密合作、并肩作战，两个部门的负责人共同组建工作小组，开展资本市场与公共市场的品牌管理。

在工作小组的架构之下，品牌管理人员将参与公司战略规划的讨论过程。一方面，品牌管理人员能让战略管理部门深入了解客户需求、市场期望；另一方面，品牌管理人员也能同步了解到未来的战略规划，归纳、提炼出能让资本市场、公共市场所能接受的理念。公司战略成果关注的是"对不对"和"干不干"，而公司品牌工作关注的是投资者、监管部门、社会大众"懂不懂"。

一句话说清公司的商业模式，一分钟讲明白企业的发展战略。品牌管理部门需要从外部视角，用更友好、更易理解的话语体系，让投资人、监管部门、社会大众认同企业战略，提高可信度，建立信赖感。

第六章

第四策：定优势——从品牌定位到品牌竞争力

一、跳出品牌定位看品牌定位

近年来，品牌定位成为中国市场营销领域的热词。有关品牌定位的书籍和文章数不胜数，它们从某个侧面，揭示了消费者决策的部分认知规律，推动了中国企业经营的市场化程度。但我们不得不承认，客观地说，相当一部分书籍和文章犯了"以偏概全"的错误，对消费者决策过程的解释过于简单，偏离了真实的消费者行为，背离了科学的消费者行为理论，容易让中国企业管理者陷入盲人摸象与刻舟求剑的误区。

作者认为，中国企业要更好地理解和运用品牌定位，就要"跳出定位看定位"。品牌定位不是目的，而是手段。品牌定位的本质，是确定品牌在消费者购买决策心智行为中具有竞争优势的位阶，让消费者乐意尝试，并持续复购。

品牌定位源自品牌竞争力，而品牌竞争力就是对客户决策心智行为的影响力。品牌定位的核心任务，就是在客户购买决策心智行为中，比竞争对手更好地满足客户需求，更快速地促进客户购买。

二、先品牌定义，再品牌定位

品牌定义四件事

科学的品牌定位为企业投放资源提供了焦点，是品牌在市场竞争中最大的突破口。在品牌定位的指引下，传播内容、产品研发、服务方式可以做到有据可依、高度聚焦，避免漫无目标、撒胡椒面式的资源乱投。

在进行品牌定位的同时，企业不可忽略全面的品牌定义。所谓品牌定义，即对构成品牌的关键要素，以及开展品牌工作所需的关键理念，进行全面地设定。如果说品牌定位是浮出海面的冰山一角，那么品牌定义则是完整的冰山。在品牌定义的基础上，企业通过做减法、定焦点，聚焦于最具差异化竞争优势的品牌要素。

关于品牌定义的内容和方式，业界已经有不同种类的模型，而无论采用何种方式，都要从以下四个最基本的要素入手，去完成品牌定义。

- 为什么：品牌选择满足客户哪些需求
- 是什么：确立品牌的品类和品线
- 做什么：为解决客户的需求，品牌应该具有怎样的核心价值组合
- 如何互动：定义和培育品牌与客户之间的关系

满足客户需求是核心

无需求，不品牌。品牌需要全面梳理客户的各类不满足、不满意及其背后的"痛点""爽点"与"晒点"。

客户需求的"痛点"，即客户已经强烈意识到当前需求供给不足，刚性需求还没有被满足，且客户愿意为此买单。

找到"痛点"之后，品牌还要找到客户需求的"爽点"。"爽点"，即客户尚未意识到需求未被满足，一旦该需求满足后，客户将会更加惊喜，体验感更加强烈。

"晒点"，是顺应数字时代传播的特点，为鼓励客户在购买和使用时进行二次传播而发掘的需求。比如某饮料品牌为了满足年轻女性晒照时显"脸小"的需求，特意地将产品的外形设计得更大。很多年轻女性因此而愿意在社交平台上发布自己与产品的合照。"晒点"，不仅能促进客

户购买，更能帮助品牌进行病毒式传播。

值得注意的是，很多品牌在进行品牌定位时，将客户的"伪需求"作为核心卖点。"伪需求"，指客户需求虽然未被充分满足，但他们没有强烈意愿为此需求付费。针对此情况，企业需要动态调整整体策略，尤其要考虑定价策略，让"需求—品牌—价格"能有效匹配。

客户心中的品类认知

人以群分，物以类聚。品类能协助客户建立对品牌的基本认知，建立"品类认知锚点"。客户会根据已有的品类知识和特征，对品牌进行初步判断。品类定义的关键在于，探索品牌在客户的分类体系中处于怎样的状态，存在哪些机遇。

七喜是一款柠檬味的碳酸饮料，七喜公司曾开展过一次关于客户需求的调研，而定性访谈中，七喜高管发现许多客户提出"在可乐（可口可乐、百事可乐、皇冠可乐等）之外的饮料"的品类说法。在此基础上，七喜提出了"非可乐"（UNCOKE）的品类定位，获得了成功。

无论品牌影响力有多大，并不是每次推出新产品时，都有颠覆性创新的机会。因此，每一个品牌都需要洞察自身在客户心目中的品类认知，这样才能准确地构建品类关键属性。

此外，品牌管理者还要明确品牌要覆盖哪些细分产品线。客户的品类认知是分层级的，不同的层级涵盖不同的子品类或产品线。客户有一套自己认为合适的"品类—产品线"体系，比如炊具、灶具与厨房烹饪用品。

品牌价值是一套组合拳

在当下的市场环境下，客户的需求是"既要、又要、还要"。这就要求品牌建立能满足各类需求的价值组合，至少包括品牌的实用价值、自我情绪价值与社交关系价值等。

品牌价值组合，要确保品牌不会遗漏客户的基本价值需求，但更重要的是，为了确保在竞争中取胜，企业需要在价值组合中确定核心价值，品牌核心价值不仅是具有竞争力和销售力的"撒手锏"，也是与客户沟通的焦点和促进业绩增长的重点。

企业在设计品牌价值组合时，总会陷入两难的选择中：是先强化功能卖点，还是先激发情感共鸣？答案并不是非此即彼的，要视品牌所处阶段与竞争情况而定。不同阶段，采取的品牌价值组合策略也有所不同。

品牌关系需要经营

确定品牌与客户之间的关系，首先要确定两者之间要建立何种联系，采取何种互动方式。唐纳德·诺曼（Donald Arthur Norman）在《设计心理学》中提到，"人类总是想把事物拟人化，把人类的情感和信仰投射到所有事物上"。因此，那些将产品、服务与客户情感相结合的品牌，更容易获得成功。

在数字时代，品牌与客户之间的关系，内涵已经扩展到"产品使用陪伴教练""同好俱乐部""共创团队"等。这就要求品牌与客户进行强沟通、强互动，并且在此过程中始终如一坚持品牌的核心价值，而不是盲目追求热点、照搬网络时髦用语。这种缺乏一致性的行为，最终会导致品牌价值支离破碎、品牌形象面目模糊。

品牌要根据竞争策略，明确与客户之间的关系，建立鲜明的"品牌人设"：品牌是客户可亲近的朋友、可信赖的专家还是共同挑战的勇士？有了明确的关系定位后，企业要输出相应的品牌内容（如海报、图文、视频等），通过立体化的内容体系，拉近与客户的距离。

品牌与客户的关系不是天然形成的，而是需要时间来经营的。品牌与客户的良性互动，能促进客户持续复购，带动周边产品销售，能将客户变成"自来水"甚至分销者。

上述四个要素，是企业管理者开展品牌经营的最基本策略，它确保品牌经营不会出现明显的缺漏和短板。其中，满足客户需求为核心，在客户心智中建立品类认知、建立满足客户各种需求的品牌价值组合、与客户建立良好的互动关系，是品牌经营的三大策略。

三、品牌定位的蓝图：客户购买决策的心智过程

品牌竞争力来源于品牌对消费决策行为的影响力。培育品牌核心竞争力的第一步，就是明确消费者的决策行为历程，尤其是消费者的心理历程。

根据需求理论，可以将消费者的购买决策链路大致分为前后衔接的三个阶段：源于需求、始于品类、成于品牌。在部分场景下，消费者的决策链路会缩短。需求是一切市场活动的源头，是市场营销的基石。没有需求就没有动机，没有动机就没有购买行为。需求既来自消费者内在的生理、心理及自我社交表达上的不满足感，也来自外部环境对消费者自我认知的影响。基于不同类型的内在需求，客户会产生不同类型的品牌价值需求。

品牌定位的第一步，是确定产品功能需求背后的各层次用户需求"空白点"与"痛点"。

三个爸爸是知名家用空气清新器品牌。在创建之前，创始团队发现，很多"准爸爸"消费者在网络上搜索奶粉及尿布时，也会搜索空气清新器。当时，大多空气清新器品牌只是单纯地从产品的性能入手，进行各类空气清新指标的比拼。基于对消费者需求的深入洞察，三个爸爸的创

业团队另辟蹊径，将品牌定位为"真正能够保护儿童呼吸系统的空气净化器"，聚焦特定的购买与使用人群，获得进入市场的初步成功。

品牌定位的第二步，是明晰品牌的品类选择。需求产生，品类始生。在需求意识产生后，消费者才开始根据个人偏好与自身经验，权衡利弊、筛选品类。品类是可以满足用户需求的各类产品方案。满足需求的产品品类有很多，存在很多替代性竞争者。要成为消费者的首选，就需要成为品类中最具代表性的品牌。

用户产生需求时，往往会根据具体的场景在多个可选品类之间进行选择。比如，一个追剧的年轻人会在薯片、虾条及瓜子品类之间选择并确定品类。如果这个年轻人在手机上通过购物 APP 进行选择，他会在零食大类内进行浏览，细分品类和品牌会同时出现，这个消费者也会同时完成品类和品牌的选择。但更多的时候，品类首要满足用户的场景需求，消费者就会在品类中选择心仪的品牌。

跨界进入的新品牌为什么能打败行业内的领导者，就是因为品类的可替代性。例如，为了满足消费者的"家庭视听享受"需求，大多数品牌的解决方案是增大液晶电视的屏幕尺寸。然而，大尺寸液晶电视价格昂贵，配送困难。

面对不断增长的家庭大屏观影需求，家用投影仪应运而生。它的入门级产品平均价格只有 3000 元左右，能以更低成本提供更大尺寸的观影体验。2022 年，中国投影机市场总出货量高达 505 万台，成为一个极具潜力的新兴市场。

品牌定位的第三步，则是确定关键品牌属性，满足目标消费者个性化的价值需求。

消费决策过程最终会落实到某个具体的品牌上。在确定品类、选择品牌的过程中，消费者最终会购买在品类关键属性表现上最令人满意的品牌产品。需求不同，消费者对于品牌属性的关注点也会有差异。例如，预算有限的潜在购车客户，会更加重视产品的性价比，更倾向选择国产乘用车品牌；预算宽裕、看重品牌附加价值的高净值购车者，则会首选进口豪华车品牌或国产造车"新势力"品牌。品牌也可以基于蓝海战略采取"爆品"策略，在某一品类关键属性上实现远超竞争对手的突破，从而成为目标客户在该品类上的首选。

四、基于需求满足公式，确定品牌的差异化需求定位

需求满足公式

对需求痛点的洞察，是创建品牌决策影响力的源头，优先于品类分化与品类创新。需求最常见的定义之一是，客户的期望与现状之间的差距。而从品牌经营的角度看，需求不是个名词，而是一个动名词。需求是客户产生差距类型、差距来源以及如何改进差距的集合。

根据丹尼尔·麦奎尔（Denis McQuail）提出的动机理论，作者整理出了需求满足公式（如图 6-1 所示）。满足需求是心动与行动的结合，因此可将需求拆解为有机衔接的四个部分：需求产生的类型、需求产生的来源、满足需求的意愿以及满足需求的方式。这四个环节是客户产生行动去满足客户需求的全部必需动作，立体地展现了提升品牌竞争力的机会点。

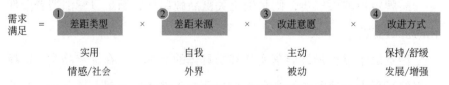

图 6-1　丹尼尔·麦奎尔的动机理论：需求满足是心动与行动的结合

著名心理学家马斯洛（A. H. Maslow）将客户需求差距类型分为两大类——"弥补不足"与"自我成长"，进一步可细分为生理、心理、审美、认知及社会表达等七层级需求。这意味着品牌不能被产品实用功能所束缚，而要发掘更高层次的需求，创造心理价值、审美价值、认知价值和社会表达价值。

2011 年，小米提出了"为发烧而生"的品牌口号，希望在性价比之外彰显极客精神。这一品牌口号引起了众多技术发烧友的共鸣。

企业可以根据不同的需求满足方式进行品类细化。某些户外运动品牌引导客户亲近自然，从运动中获得放松与愉悦；另外一些运动品牌，则引导客户不断走出舒适区，主动战胜各种挑战，成为更好的自我。Keep 是国内知名的运动 App，它提出了"自律给我自由"的品牌口号，引导客户坚持锻炼，实现身材自由，进而迈向成功人生。

客户的场景化情绪需求定位

在塑造品牌竞争力时，情感具有强大的影响力。国外学者维尔纳·克伦佩雷尔（Werner Kroeber-riel）的研究成果表明：当产品之间的品质差异微不足道时，消费者参与程度较低……饱和市场中的成熟产品尤其如此。在这类市场中利用情绪造成产品差异，才是影响消费者的最佳战略。

情绪是一种高度活跃的生理状态。当目标客户的情绪被激活时，他们就会对品牌的信息更加敏感，一些被忽略的信息、细节会得到更多关注。因此，情绪性广告比一般的广告更容易让人记住。

客户的情绪是场景化的。企业要明确客户需要在什么时间、什么场合下，以怎样的情绪状态去使用和体验品牌，这将为品牌的共情力建设提供清晰的"脚本"。

品牌首先要关注用户体验品牌的场景。回归自我、放松休憩的自我空间，如家中、卧室、书房等；社交互动、人际关系拓展的空间，如办公室、酒会、户外运动等。情感是客户的内在心理活动与生理反应，比如放松、平静、愉悦、振奋……

品牌如何找到适合自身的情绪价值？情绪给用户带来的直接观感有两类（如图6-2所示）："加法"与"减法"。如果将空间与情绪感官进行结合，就有四个典型的场景情绪状态，从中可以发现品牌的共情结合机会。

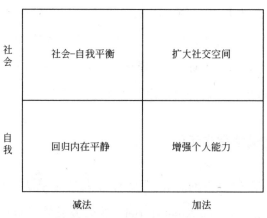

图6-2　消费者情绪地图

自我减法。这种状态下，用户处于私人空间下的彻底放松与自我回归，通过"断舍离"的方式，降低外界和物质对个人情绪的影响。这种情绪状态，切中了当下的"宅"文化及"小确幸"的潮流，具体表现为极简风格的产品设计和审美倾向。无印良品、宜家就是这种风格的典型代表。

竹叶青是产于四川省峨眉山的绿茶的品牌。此前在绿茶赛道内，已经有诸多知名品牌，如西湖龙井、信阳毛尖等。大多数传统的绿茶品牌将品牌定位于独特的自然环境、悠久的种植历史以及大师的炒制技术。

然而，竹叶青另辟蹊径，提出了"竹叶青、平常心"的品牌定位，把握饮茶的感受是在忙碌的生活中，向内观，辟出一方自己的天地，以平常心对待世事。竹叶青所倡导的价值观，旨在帮助人们在浮躁的社会中，保留一份纯真。竹叶青将品牌定位焦点从茶叶转向饮茶人的价值观，聚焦饮茶人的独特心境与体悟，与其他绿茶品牌形成了价值区隔。

自我加法。在这种状态下，用户虽然自我独处，但保持一种自我不懈努力、不断突破自我的精神状态。

诺贝尔文学奖获得者莫言曾说过："当你的才华还撑不起你的野心的时候，你就应该静下心来学习；当你的能力还驾驭不了你的目标时，就应该沉下心来历练。"这种情绪状态适合定位于个人能力增强的诸多品类。比如，专业证书培训、美妆与护肤产品。

社交减法。一般情况下，人不可能完全脱离他人而存在。每个人都生活在社交网络之中，在同他人的交往中建立独特的自我认同与社会定位。既与社会建立必要的联系，又保持自我独立性，成为很多都市人的情绪敏感点。这为品牌建立情感共鸣、创造情绪价值提供了很好的机会。

近年来，"剩女"成为一种社会热点现象与人群标签，无数年轻女性背负着催婚、催孕的压力。2018年，SK–II采用了这个热点且敏感的话题，通过采访上海一批"独立意识的未婚女性"，制作了品牌大片《最后她去了相亲角》，在片中表达了女性不用介意别人的看法，要选择主宰自己的人生，不要在压力之下为结婚而结婚等观点。这个品牌大片具有鲜明的社会价值观，且切合当下社会热点，一经发布，立即引起了网络疯传和讨论。

社交加法。积极的社交能提升魅力与影响力，让人们体验到社交带来的愉悦感、兴奋感及成就感。使用场景集中在社交场合的品牌，可以充分利用这一情绪价值，如啤酒、烈性酒、日化产品、化妆品等品牌。

喜力啤酒推出的"开启星世界"品牌传播活动，将喜力啤酒融入球迷一起看球的场景之中，成为欢聚时刻的重要组成部分。海飞丝提出的品牌口号"头屑去无踪，秀发更出众"，击中了用户增强社交自信心的痛点。

以上四种典型场景化的情绪价值，提升了品牌的柔性竞争力。这就要求品牌深入地洞察当前社会潮流下用户细腻、真实的情感需求，将品牌体验置于合适的情绪场景中。

因此，无论是以轻松愉悦的方式满足需求，还是以与客户一起成长的方式满足需求，实际上是品牌与客户的双向奔赴。品牌决策影响力的关键在于，品牌能否与客户一起成长、共同进步。

成为客户的价值代言人

在数字时代，社交媒体是每个个体的舆论场，人人都可以通过社交媒体打造"人设"。比如，在微信朋友圈发布"奔赴山海"的生活照片，分享和转发个人认为有价值和意义的文章等。

人人都愿意表达个人的社会成就与社会价值观，但不是每一个人都擅长内容创造。这就需要品牌能成为客户的代言人，持续地输出属于品牌但与用户价值观共鸣的品牌人设，创作表达客户观点的优质内容，创造出独属于品牌的社交符号。这些内容形式多样，可以是图文、短视频，也可以是长视频。通过转发这些优质内容，客户可以在微信、小红书、抖音等平台上建立自己的人设。

品牌选择代言人，本质上是为客户创造一个行走的"品牌大使"。企业可通过品牌代言人与客户实现价值观的同频共振。因此，企业不仅可以从演艺或体育明星中选择代言人，更可以选择具有高社会价值赞誉的群体，为品牌积累社会声誉。

2022 年，全棉时代用《她改变的》原创纪录片系列，记录了最美女村医罗海香、中国女足教练水庆霞、北斗系统女科学家徐颖的励志故事。这些都是当下时代中勇于突破自我，充满正能量的女性形象，纪录片用真实的人物故事和充满情绪的精神表达，激励更多有梦想的年轻人去探索未知、改变世界。这一系列的视频内容，极大地提升了全棉时代的社会声誉，充实了品牌价值观内涵。

五、基于客户品类认知的品牌定位策略

客户需求不断地分化是品类进化的动力。在基本需求得到满足之后，客户就会发展出更多的细分需求，这就为品牌提供了品类创新的机会。品类创新不一定都是颠覆式创新，相当一部分比例属于满足个性化需求的微创新。

品类定位来源于认知心理学中的"类别学习"（Category）理论。经典的品类定位理论认为，品类是一系列具有共同特征的产品集合，它们共享同一个类别名称，比如小家电、洗发水等。认知心理学认为，消费者会通过类比学习来快速了解新产品（Learning by Analogy Model）。在接触新品类的情况下，消费者会自发地利用一个自身已知的产品知识和分类方法，去了解一个陌生产品或品牌。

如果说品类认知是为了简化消费决策，那么品类定位的核心目标不是成为行业第一，而是成为消费者选择第一。从实现逻辑顺序上讲，只有品牌成为客户的首选，才能成为行业（销量）第一。部分已经成为品类销量第一的品牌，利用"从众心理"，在传播中强调销量领先。这种做法具有一定效果，但对于"喜新厌旧"的消费者而言，更适合自己的需求才是真正的决策因素。

从客户习惯和话语体系命名品类

品类的命名要遵从客户的习惯，而非行业内部的专业说法。例如，某品牌在公关传播中就使用了"黑色家电第一品牌"的说法。黑色家电是行业分类词汇，不是消费者熟悉的语言，消费者当然对其没有特别的感知。如果将品牌定位为健康彩电第一品牌，那么消费者的感知就会大大加强。在家电领域，消费者习惯于用洗衣机、电视机作为品类词，而非用"黑色家电""白色家电"作为产品分类用词。

因此，做好品类定位，要从消费者的词汇库中选择品类词。因为，如果客户无法准确记忆品牌名称，客户会用熟悉的品类词代替品牌词进行网络搜索。所以，发掘和顺应客户的话语体系有着重大的现实意义。

母婴品牌 BeBeBus 追随小红书社区内"溜娃神器"的热度，推出了一款婴儿推车。该产品的设计特点是用蝴蝶形的靠背来保护婴幼儿的脊柱健康，有安全不侧翻、避震、婴幼儿可以平躺等价值点。最初，BeBeBus 给这款产品取了一个新的品类昵称："移动大沙发"。虽然这个专属品类词有自己的特点，但是它与产品、家长以及溜娃场景并不直接相关，用户并不能完全理解和接受这一新的概念。

后来，BeBeBUS 将该产品的品类关键词改成了体现产品设计特点的"蝴蝶车"，用户一下子就记住了这个形象的说法。改名后，产品月均搜索量增长了 20 倍，很多用户还自发分享了使用体验。在公司品牌名称不容易被记忆的情况下，"蝴蝶车"被高频提及，传播度极广，已成为公司品牌的专属品类代名词。

从功能品类到认知品类创新

品类创新不局限于功能上的"硬创新"，还包括客户认知上的"软创新"。许多品牌将很多精力花在功能创新上，但事实上，更重要的是客户认知上的创新。

诺基亚在手机上添加更多功能，但仍然属于功能机。iPhone 推出之后，一下子改变了人们对手机的认知，开创了智能手机的新时代，成为智能手机品类的领军者。

品类昵称品牌化

在品类创新上，品牌可利用产品的外形特征，为产品品类取一个简单易记的昵称。比如护肤行业，雅诗兰黛的"小棕瓶"、SKII 的"神仙水"。这些昵称具有明确的指向性，可以让客户对品牌、产品形成直观认知，加深印象，方便搜索。

同时，品牌也可以结合产品设计的独特点为品类命名，成为品牌专有的品类，例如小罐茶等。

从需求角度定义品类

大部分企业习惯从产品视角去定义品类。而大部分客户则会从自身需求的视角来看待品类。这种认知的差异，在品牌与客户之间形成了一道鸿沟。

德国管理学家赫尔曼·西蒙（Hermann Simon）在《隐形冠军》中提到一个经典案例：温特霍尔特公司（Winterhalter）是一家世界知名的商用洗碗机制造商，但它没有将自身定义为洗碗机制造商，而是从客户整体需求入手，重新定义为"为餐饮业提供清洁餐具解决方案"的服务商。

围绕餐饮行业的需求，它展开了相关业务延伸，推出了专门的水处理系统、自有品牌的洗洁精以及 24 小时为客户提供卓越服务。这种站在客户需求的品类定义，使得温特霍尔特占据餐饮业细分市场全球份额的15% ～ 20%，市场占有率不断攀升。

新品类的老名字

激活、唤醒客户心智中已有的品类认知，是一个低成本的品类创新方法。品牌在创新品类时，可以参考在作用原理、技术功能、产品形态等具有相似性的已有品类中，进行二次命名。这将极大降低客户的认知成本与接受难度。

3D 打印机（3D Printer）的全称是"快速原型制造技术"（Rapid Prototyping，RP），是基于增材制造技术而发明的一种低成本、低风险、快速生产原型的方法。由于二维打印机在客户中广为人知，该技术在开展市场推广的过程中采用"3D 打印机"作为品类名称，形象生动地传递了新品类属性，提升了市场推广效率。

六、品牌定位的四大核心价值：好用、好看、好玩、好心

研究表明，人类并不总是理性思考，而是更倾向于根据本能和情绪做出购买决策。1957 年，美国管理学家赫伯特·西蒙（Herbert A.Simon）提出了有限理性模型（Bounded Rationality Model），他认为人的决策过程是处于完全理性和完全非理性之间的一种有限理性，决策者在决策中追求"满意"标准，而非最优标准。

因此，企业不仅要确定品牌核心价值，更要以客户满意为标准来衡

量价值。从客户满意角度来看，品牌价值可分为保健属性与魅力属性。保健属性是品牌所必须具备的行业基本属性，如果品牌做不到，客户就会"一票否决"。魅力型价值是在保健属性之上、超出客户预期的价值，一旦品牌实现，就能给客户带来巨大的满足。

以乘用车为例，一台售价 10 万元的乘用车，安全是基本属性，车企做到安全，并不会给消费者带来满足感。如果在安全和动力满足基本要求之外，还配置了电动按摩座椅、全景天窗等 20 万售价以上的乘用车才有的功能，那么就会创造超出客户预期的价值，给客户带来巨大的满足。

如果一定要将品牌价值实施分出先后顺序，那么可以遵循以下顺序进行：好用、好看、好玩、好心。其中，好用与好看是创建品牌的前提条件，是品牌长红的基础；好玩是社会化传播的基本要求；好心能帮助企业创建持续经营的护城河。

好用是前提。好用是一个品牌能否发展的前提条件。如果初创品牌的产品竞争力不足，那么就不应该仓促上市。缺乏竞争力的产品，即便通过大量烧钱获得了充足的流量和一定的知名度，最终也会因为口碑不佳而陷入增长乏力的困境之中。

好看是必需。审美是人类的进阶需求。在商品丰裕时代，出色的包装设计是让品牌从琳琅满目的商品海洋中脱颖而出的代价最小且最具成效的手段。高产品颜值不仅能第一时间吸引用户的眼球，也有利于用户在社交媒体进行二次传播。

除了好用、好看，品牌更要有一个有趣的灵魂，要能与用户玩成一片。这要求品牌在社交平台上与用户展开平等、默契的互动。如果品牌内容、公关活动具有"网感"，那么就能获得社交媒体裂变的复利。

在确立了产品竞争力、审美趣味后，品牌需要进一步向上突破，构建共情力，为用户提供情绪价值，成为用户的社交工具和人设标配。品牌可通过不断强化价值观，建立社交符号，让用户通过品牌实现自我表达。

七、品牌定位的智慧："变中求定"

在品牌定位过程中，企业可从客户的三个决策阶段，分别找出其中的定位机会，实现重点突破。面对各种各样的品牌定位机会，企业家需要有更高的智慧做出取舍，科学规划品牌的进化路径。

决策过程的折叠

虽然购买决策分为三个阶段，但有时候，消费者会跳跃部分阶段，缩短决策流程，减少决策时间。因此，品牌不能机械地照搬三阶段决策模型，而要透过现象看本质，寻找出奇制胜的机会。

许多行业的领导品牌通常会在客户的心智中建立"品牌＝品类"的深刻印象，比如"可口可乐＝可乐""海底捞＝火锅"等。知识问答网站知乎的广告语是"有问题，上知乎"，目的就是建立"一旦有问题就上知乎"找答案的"条件反射"。百度在早期也采取了同样的策略，"百度一下，你就知道"的口号，在网民心中建立了一种潜移默化的认知：百度＝搜索。

跨越品类 短链联结

需求与品类有效匹配后，品牌可以跨过品类，将需求与品牌进行直接联系。这一策略适用于品类发展稳定期。这一时期有两个重要特点：

行业里的品牌很难进行大的颠覆式创新，如笔记本电脑行业；颠覆式创新很难激发客户新的需求，如果汁行业。

山东蓝翔技校的品牌口号为"挖掘机技术哪家强，中国山东找蓝翔"。这句口号没有强调蓝翔是一家"什么创新品类的技校"，而是将学习更强挖掘机技术的需求与蓝翔进行了直接关联。

如果品牌在客户心智中建立了"需求满足＝品牌"的认知，那么就会超越品类，缩短客户决策过程，直接进入购买名单序列。

在时势变化中定位

正所谓唯一不变的是变化。品牌定位的智慧在于"变中求定"，而不是刻舟求剑、固守成规。"变中求定"的定位智慧，可以用三个词来概括：时势造定位；地位即定位；有为才有位。

（1）时势造定位。

企业家要从客户角度去理解品类发展阶段、品牌自身的品类地位。

品类发展阶段由主要用户类型来决定，基于罗杰斯在《创新的扩散》中的研究成果，作者将品类发展周期与主要客户类型结合，总结出四种类型组合：创新尝试者（品类引入期）、早期试用者（品类萌芽期）、早期大众（品类快速发展期）、跟随型大众（品类成熟期）。

在引入期，品类仍处于野蛮成长阶段，缺乏标准。在该阶段，创新尝试者对新品类缺乏足够的了解，对选择品类也缺乏基本的判断。在这种情势下，企业必须赢得创新尝试者的初步信任，建立一套基于新品类的品牌选择标准。

许多房产中介、家装、医美行业的领先品牌，都是将品牌定位在"规范诚信""专业可靠"等基本行业属性，并配合服务承诺，以降低早期试用者的风险。一旦品牌建立了初步品牌信任。客户就会为品牌支付

131

"风险溢价"，避免"贪小便宜吃大亏"的情况发生。

（2）地位即定位。

行业地位对客户的决策心智过程产生重要影响，可成为品牌定位的来源。行业领先者可利用已有地位对客户进行引导。

很多行业领先品牌直接将"销量第一"作为定位及传播口号。2009年，中国移动为神州行推出的电视广告中，知名演员葛优幽默地说出"神州行，听说将近两亿人用。我，相信群众"。

领导品牌为了保持经营的稳定，不会轻易改变自身的核心客群。随着新一代客户的出现，行业跟随者有了突围而出的机遇。行业跟随者可某一细分市场的竞争优势，转化为客户的心智认可。胡姬花提出"只做花生油"品牌口号，这一聚焦品类的定位策略，给消费者带来"专注、专心、专业"的认知，让胡姬花成为"品类专家"，在金龙鱼、福临门等行业综合品类领导者的包围下脱颖而出。

（3）有为，才有位。

为不断满足客户尝新的需求，部分品牌利用自身的强大技术与产品研发能力，高频率地推出新产品，不断创造新的客户需求，引领市场潮流。苹果公司一直定期更新产品，确保每推出一款新产品，都能满足新的客户需求。这一策略从 2006 年一直延续至今，一直被同行模仿，至今仍未被超越。

八、品牌定位是企业战略的突破点

进行品牌定位，除了要聚焦于特定的客户群体、从客户需求中找出市场机会，更应该从公司战略的全局来思考。由于品牌定位需要企业投入大量的资源去配套实施，对企业发展具有重大的决定作用，因此，它是"一把手工程"，要由企业最高管理层来拍板决定。

市场导向型的企业在做战略规划时，通常围绕两个方向进行布局：一是产业布局，二是市场布局。产业布局决定企业进入什么大品类，解决"干什么"的大问题。但产业布局只解决了企业营利的可能性，而不是必然性。市场布局解决在选定品类赛道中营利的必然性问题。市场的基础单元由客户、竞争对手及公司组成。因此，企业的市场布局应以客户、竞争对手为主要研究对象和决策依据，比竞争对手更好地满足客户的需求。品牌的核心价值就是企业布局的关键突破点，产品、研发、传播、渠道都应指向品牌核心价值。从这个角度看，品牌定位是企业市场战略的集中体现。

第七章

第五策：同增长——品牌推动的数字化协同增长链路

品牌如何推动公司的发展？除了从公司战略管理层面进行推进，还应根据目标客户的行为链路，用品牌串联起企业内部孤立的内容、传播链路、销售渠道、顾客服务及社群运营职能，建立品牌协同增长链路，为企业带来实实在在的收入增长，并在收入增长的过程中，积累品牌认知及顾客资产。

一、品牌增长的一体、两面、三阶段与四链路

《道德经》有云"一生二、二生三，三生万物"，以此形容"道"生万物从少到多，从简单到复杂的过程。数字时代的品牌增长链路则可以用"一体、两面、三阶段与四链路"来总结。

一体，即企业营利与客户需求满足一体化。不满足客户需求，客户就不会产生购买行为，企业自然也就无法获利。因此，在数字时代，市场营销演变成客户与企业共建共创、价值共享的一体化活动。

两面，即企业视角下的内部工作线（如传播、产品、促销与客户关系）与客户视角下的行为链路（如知晓、搜索、比较、购买等）。这是相对相生的两条线。不满足客户的企业内部营销工作是无意义的；而没有转化为企业内部营销工作的客户需求规划，是无法实施和发生的。二者如同硬币的两面，最终的目的是不断更好地满足客户需求，以实现公司的成长。

《消费者行为与营销战略》一书中对营销战略的定义为："营销战略（Marketing Strategy）是设计、执行、控制一套计划以影响顾客的交易行

为，来达到组织目标。"

三阶段，指源于需求、始于品类、成于品牌的顾客消费决策三个阶段。

企业发展的源动力来自客户不断产生的新需求。无需求，则无动机，更无后续的购买行为，更遑论企业发展。品类为满足客户需求提供了不同的解决方案。

所谓品牌定位，就是在三阶段中寻找品牌最具竞争优势的阶段和位置，即"位阶"。品牌定位体现了品牌的竞争策略是覆盖何种客户痛点、品类创新，还是在原有品类内的个别属性——突破。它是品牌增长链路的核心主题，指导企业通过企业各项工作，影响客户的行为链路。

四链路，即行为链路、触点链路、关系链路、内容链路。这四条链路，也可称为"1+3"链路。这四条链路将客户与企业的行为既做了区分，也进行了整合。

客户行为链路是根本，是企业开展各项工作的根本指引。企业要根据自身产品属性来研究与规划客户行为链路。虽然消费者行为学提供了一条通用的客户行为链路，但不同的产品属性，有着不同的客户行为链路。同时，客户投入时间、资金的多少，决定着行为链路的长短。例如，消费者购买乘用车的行为链路，与他在便利店随机购买一瓶冰镇饮料的行为链路，存在着巨大的差异。

触点链路是企业与客户形成互动的各类场景。客户在触点上开展各类活动，企业在触点上开展各类促进客户行为的企业活动。企业要研究客户行为在哪些场景、触点发生。数字时代，客户在线上线下的各触点之间随意跳转，行为链路比以前更复杂。企业要根据客户行为的先后发生顺序，将触点连接成"从交互到交易""从陌生到朋友"的全链路。只有打通客户行为转化链路，企业才不会浪费每一个流量。随着互联网平台功能的不断完善，客户也开始习惯于在一个平台内完成所有环节的行为。如品牌的天猫旗舰店开始成为客户与品牌进行交流的场合。小红书上线货架功能，也是希望客户在APP内完成购买，实现行为的闭环。

关系包含从建立品牌知名度、品牌信息搜索、品牌弱关注，到品牌购买，最后加入品牌社群的全关系历程。关系链路是企业为与客户建立持续交易而设计的由浅入深的互动过程。关系链路要依托触点链路来实施，与不同触点的特点相匹配。比如，小红书有助于品牌进行产品种草，天猫旗舰店更适合交易，微信生态适合品牌与客户进行日常互动。关系链路的背后是企业关系营销策略。不同品类的关系策略也不尽相同，受到品类购买、使用频率以及品类的单价高低的影响。高频品类关系购买频率高，关系活跃度高。比如，瑞幸咖啡的社群成员每日购买咖啡，品牌会在社群中经常发放优惠券、新品信息以满足客户的每日购买需求。低频高价品类的品牌客户关系更加复杂，要从产品购买延伸到产品背后的整体使用方式，以及生活方式。比如蔚来汽车将产品销售门店提升至车主的日常社交场所。

内容链路是企业为推动客户行为发展，不断深化客户与品牌的关系，所需的各类信息。企业要围绕客户行为链路，在各触点发布各类型内容，包括但不限于图文、白皮书、短视频、长视频及直播等。内容主题可以是一条品牌口号，也可以是一篇在小红书上由品牌试用者发布的体验文章。好的内容不仅要有好的创意，更要有用。内容要能满足客户在购买决策各环节所需的内容。因此，企业在做内容决策时，要考虑对客户购买行为、客户关系建立产生何种影响，同时也要在内容中引导客户一步一步产生购买行为，与品牌建立关系。

总而言之，一体是目的，两面是方法论，三阶段是定位决策地图，四链路是具体工作蓝图，从企业市场活动的根本目的出发，它们相互呼应与衔接，构成了企业市场活动的完整体系。

二、建立品牌协同增长链的好处

跳出局部，拥抱整体

数字时代成就了一批敢于创新的企业，它们敏锐地洞察客户需求，利用新的营销手段快速崛起。以三只松鼠为代表的"淘品牌"，以平台流量带动产品销量，大获成功；江小白以独树一帜的文案内容和包装策略成功出圈，赢得无数年轻人的青睐；完美日记通过小红书内容种草与出色的社群运营引爆口碑，成为新国潮美妆品牌代表。

数字时代，新的数字工具、营销手段层出不穷，迭代更新不断加快，新的品牌成长机遇不断涌现。与此同时，媒体的碎片化与信息的爆炸，造成了客户的注意力和行为极度分散。企业需要整合众多的场景，根据每个场景的具体客户需求开展针对性的工作，才能最终促成客户购买。

面对新的机遇与挑战，许多企业管理者感到千头万绪，无从下手：是先做好内容，还是先做好社群？是将预算重心放在天猫旗舰店，还是将重心放在抖音平台？他们陷入迷茫之中。

市场打法不是非此即彼，而是彼此融合；不应计较一时得失，而应着眼于长远。企业管理者要基于底层逻辑全面思考各类品牌营销活动。只有以满足客户需求为目的，以客户行为为蓝图，将触点、关系和内容策略融为一体，才能实现品牌增长，而且只有全面思考，企业才能找到真正的关键点，洞悉各关键点之间的逻辑关系，聚焦资源实现市场突破。

链式思维，化整为零，积众为雄

一道简单的数学题：0.99 的 10 次方与 1.01 的 10 次方差异有多大？0.99 与 1.01 之间的差异很小，但微小差异不断累积就会形成差距。

数字时代，客户行为在线上线下场景之间随意跳转。这虽然为企业带来了更多接触目标客户的"流量缝隙"，但同时也极大地增加了企业的内容创作和广告投放的难度。

在传统媒体时代，企业只要敢于投放巨量资源去抢占为数不多的核心媒体，就可能获得巨大成功。如果"毕其功力于一役"大规模投放央视广告、省级卫视广告，再辅以全国招商大会，那么经销商就会蜂拥而至，订货款海量涌入。

然而在数字时代，媒体环境与客户行为都发生了巨大变化。企业需要化整为零地将一场"大会战"，化解为若干场"小战斗"，在各个场景、接触点以更好的转化效率去赢得战斗，汇聚众多支流成为品牌的整体流量，积众为雄，实现持续增长。

面对这一新的趋势，每个品牌都处在同一起跑线上。不同的触点链路组合，能为企业创造不同的成功路径。成长性企业可以避开成熟性企业的优势市场，从细分市场入手，将新触点连点成链，集中资源重点突破，实现弯道超车。

三顿半是中国冷萃咖啡的头部品牌。在创立之初，三顿半团队发现很多咖啡爱好者同时也是美食爱好者。于是，他们找到汇聚了众多美食及烹饪爱好者的下厨房 APP 进行合作，为下厨房的会员免费提供试用产品。通过这一方式，三顿半筛选出了一批具有社群影响力的咖啡爱好者。

这些人被三顿半称为"领航者"，也是三顿半的"天使客户"。

三顿半通过极具特色的互动交流活动，为"天使客户"创造了极具特色的"社交货币"。他们不仅会在社交媒体分享产品评测活动，而且提供了有价值的反馈和建议。三顿半从目标客户的兴趣入手，挖掘出首批"天使客户"，在与"天使客户"的共创共享中，快速实现从0到1的突破。

在数字时代，类似的品牌故事有很多。它们有一个共性：就是从小切口、小场景开始，快速迭代、不断破圈，从激荡涟漪到形成潮流。

三、客户行为链路的六个阶段

"ASLASR"构成的六阶段

在消费者行为的发展历程中，出现了很多经典的消费者行为模型。如日本电通根据早期互联网时代的典型消费行为，提出了AISAS（Attention注意、Interest兴趣、Search搜索、Action行动、Share分享）模式。将消费者在注意商品并产生兴趣之后的信息搜集（Search），以及产生购买行动之后的信息分享（Share），作为两个重要环节来考量，这两个环节都离不开消费者对互联网的应用。而各大互联网平台也都有适合各自平台的消费者行为历程。

客户行为链是企业行为的目标线和校准线。分析客户的关键决策行为，客户行为链可以用ASLASR来归纳，即需求唤醒（Arousal）、搜索（Search）、社交化学习（Social Learning）、体验与购买（Act）、分享/推荐（Share）、客户留存(Retention)。

需求唤醒是客户行为链的开端。与其说企业投放大规模付费广告，是为了打响品牌知名度，不如说它们这样做的目的是唤醒客户的需求。唤醒需求的本质目的是唤醒客户基于自身的不满足感，而产生对解决品类与品牌的需求。企业通过广告活动将被唤醒的客户需求与品牌进行有效连接，让客户产生"当××（出现什么问题、满足什么需求）就用××品牌"的第一联想。

当年火爆全国的王老吉花费重金传播"怕上火喝王老吉"这一广告口号，显然是希望唤醒客户"怕上火"的需求，然后将需求与品牌进行强关联。它让消费者忽略王老吉是广东凉茶的品类属性，缩短了客户决策的过程。

在中国传统医学中，药食同源且具有"祛火"功能的饮料还有很多，如菊花茶等，但王老吉是第一个唤醒"怕上火"需求的品牌。

唤醒需求，企业的各类传播本质目标是唤醒消费者心底的不满足感（也叫落差、冲突等），而非品牌知名度。在唤醒顾客的需求之前，品牌无法被消费者主动注意。当消费者的不满足感被唤醒之后，他们才有动机开展后续动作，不满足感越强烈，他们的动机就越强。这种不满足感，也就是我们常说的"痛点"。所以，作者建议企业不只要关注对目标的认知覆盖，更要重视消费者认知（Awareness）背后，体现认知效果的关键心理状态。否则，将再多的资源投入传播活动中，也无法获得理想的效果。

因此，在需求唤醒阶段，品牌的主动广告和传播内容一定要呈现出明确的"顾客问题或利益"，否则广告投放后，受众会无感，自然也就不会有后续行动。

搜索，是需求被唤醒之后，客户针对需求、品类及意向品牌开展的基于"关键词"搜索的主动了解。数字时代，搜索行为是客户非常普遍的购买行为。虽然信息流 APP 能通过算法来决定人们看到的内容，但是不确定人们的需求是否被唤醒。而客户的主动搜索，不仅意味着需求被唤醒，而且说明他们有强烈的愿望去了解品类和品牌。从这个角度看，搜索是企业必须去关注的关键客户行为。对企业来说，主动搜索品牌信息的人群是最精准的、梦寐以求的目标客户。

很多人将搜索与百度等同起来，其实客户的搜索行为发生在任何信息场景下，比如微信搜一搜、小红书、抖音、快手等。在各目标客户的接触点上，做好搜索管理已成为市场营销的一门必修课。

社交化学习是指客户通过各社交平台、社群群组，获取真实用户提供的品牌信息与体验建议。一个潜在的汽车购买者，通常会在汽车媒体平台上浏览心仪车型的评价，浏览现有车主的帖子。这些由用户生产的内容（UGC）更容易获得潜在客户的信任。许多人在电商平台购物时，首先会浏览店铺里的买家留言，获得用户的真实声音。

类似的社交化学习场景、触点有很多，企业要高度重视这些能汇集潜在客户注意力的阵地，把它打造成获客与留客的蓄水池。

体验与购买，是客户获取信息、做出决策后的行为。其中，体验至关重要，它是促进购买的"临门一脚"。例如，电动车的试乘试驾、美妆产品的试用体验，直接决定客户是否购买。数字时代，客户的体验与购买行为可能发生线下，也可能发生在线上，这就要求企业有全域融合的概念。

分享与推荐，是客户向社交平台分享体验，向亲朋好友推荐品牌的行为。固然，购买后的使用体验是分享与推荐的关键一环，但实际上，分享与推荐发生在每一个行为节点之中。因此，不管是售前、售中还是售中，企业都要鼓励用户主动分享、积极推荐。鼓励用户分享与推荐，并非只有通过物质刺激才能实现，还可以通过让客户深度参与、共建共创等形式实现。

留存，意味着客户成为品牌的忠实用户。在此环节，客户的复购率非常重要，但更重要的是客户关系的管理。企业要在客户行为链的每个环节管理好客户关系，努力让每个客户都成为忠实拥趸。

面对客户行为链，企业要步步为营，在各个场景、触点与客户互动，连点成链、精细运营，如此才能源源不断地获得新客户。

实践中，客户的行为会发生折叠，而非一般模型那样前后衔接。所以，企业要根据实际情况，进行实地调整。

什么是好的客户行为链

客户行为链为企业呈现了一幅从心理到行为的完整地图，而如何根据产品属性、客户需求来进行设计，值得深入探索。

我们认为，好的客户行为链应遵循以下原则。

一是兼顾客户的内心活动与行动历程。

客户的每一次外显行为都是客户内部心理活动的结果。客户的点击、浏览、搜索、试用、体验、点评、推荐等行为，都是心理活动的映射。

数字时代，客户的外显行为更容易量化，由此，很多企业走入另一个误区：注重行为管理，而忽视结果管理、原因追溯。例如，曝光率、覆盖率等指标在一定程度上反映了传播的效果，但不一定能带来销售转化。面对高曝光率、低转化率的情况，企业要深入分析影响客户购买的真正原因，对客户行为链进行检视与优化，比如广告信息是否唤醒客户的需求、广告创意是否有足够吸引、行动提示是否足够清晰。

二是要体现客户购买涉入程度。

消费者行为学中有一个重要的概念：客户购买涉入程度。购买成本高低、使用难度大小，直接决定客户决策所需时间和信息的多少。购房买车，属于理性的高涉入度购买行为；买饮料、买化妆品，属于感性的低涉入度购买行为。

高涉入度购买行为通常比较完整地覆盖客户行为链路的各个步骤，比如中国消费者的平均购车周期在 30 ～ 40 天，购房周期则更长。低涉入度购买行为，则通常是"所见即所购，边购边分享"，比如因化妆品品牌低价促销而产生的冲动购买行为，为了马上解渴而在线下便利店产生的饮料购买行为等。

总而言之，企业要根据产品属性来设计客户行为链，而不是削足适履地去硬套其他产品的客户行为链，否则效果适得其反。

四、触点链路：实现销售转化

触点，泛指一切企业可以促进客户交互与购买行为的线上与线下场景。

根据客户行为链路的设计，企业需要设置四大类场景：认知覆盖场景、关系承载场景、购买成交场景和留存互动场景。这四大场景缺一不可，每个场景可以实现功能叠加。

线上直播既是引流场景，也是成交场景，同时也是留存互动的重要场景。线下零售店同样承载了多个功能，例如汽车品牌 4S 店，不仅有引流获客、成交转化的功能，还具有留存老车主的功能。

企业设计触点是为不同阶段的策略目的服务，所以，既要有传播触点持续获取流量，更要有交易触点让流量转化为销售。

数字时代，一个触点就可以承载整个客户行为链。在抖音这类电商平台，企业可在直播间促成所有客户行为，从第一次看见到购买，瞬间就可以完成。

值得注意的是，随着线上与线下触点的快速发展，客户的行为也表现出三大趋势，值得品牌管理者关注。

第一，多点成链。

由于媒体信息日趋碎片化，触点高度分散，越来越多的客户逐渐习惯跳转于不同触点，这大大增加了客户行为链的不确定性。这就需要企业按照客户行为链顺序，将这些分散的触点串联在一起。

通过完美日记的案例，我们可以还原出一条完整的链路。

完美日记首先锁定"学生党、美妆小白、时尚圈"等目标客户圈层，基于不同圈层客户的价值点，在目标客户圈层聚集的"小红书、微博、B站"等社交平台，利用 KOL、时尚达人进行内容种草，获得海量公域流量；再通过"小完子完美研究所"微信群，将公域流量引入微信群，通过"小完子"人设营造轻松聊天的氛围，实现转化与复购。

在线上触点设计上，尤其要注意各触点之间的友好连接、无缝跳转，尽可能地减少额外页面，避免流量损耗。理想状态是无须跳转，一个页面就能让客户完成整个行为链。即便无法做到，至少要做到一键跳转。企业要经常检测各线上触点之间是否存在跳转障碍，企业内部是否存在切断客户行为链的断头路。

第二，单点成交。

随着移动互联网的迅速发展，流量逐渐向线上核心平台汇集，各主要流量平台都希望在一个平台完成客户的所有行为。

天猫、京东、抖音、小红书、B站、美团等，都不断完善功能与客户体验，为客户提供完成决策所需的各种信息和服务。客户从自我便利的角度，也开始逐渐习惯在各平台完成最后的购买行为。这就需要品牌在这些核心平台上完成与客户的各种信息和行为的交互。

第三，店电融合。

在线上流量红利逐渐见顶后，传统的线下门店也发生了功能迭代。以前，传统的线下门店只在线下完成门店路过及周边人群的覆盖和引流，而一旦购买结束，门店人员就与客户之间再无联系。

数字时代，门店人员基于线下场景，通过数字化工具，开展一体化的引流转化、客户运营，真正实现了虚实结合、空间融合。

由于客户要在线下验光与配镜，眼镜店是典型的传统店商。面对移动数字时代的冲击，宝岛眼镜从公司战略高度入手，开展了"新店商"转型。门店人员的工作也包含了线上直播和线上社群经营，这大大提升了员工的运营效率，也充分利用了门店白天客流少时的工作时间。更重要的是，宝岛眼镜建立起规模高达 3000 万的私域用户，1100+ 社群数量，单日私域社群联动直播交易量达 520 万以上，创造了一个新的增长纪录。

五、关系链路：沉淀客户资产

亲密的客户关系可以让企业进入持续增长的轨道，成为"时间的朋友"。客户关系是企业重要的无形资产，它不仅能跨越空间的阻隔，还能抵挡时间的流转，随着客户关系的不断加深，它将源源不断地创造利润来源。

关系营销是市场营销领域的一门重要学科，由来已久。数字时代，关系营销有了更加丰富的内涵。菲利普·科特勒在《营销革命4.0》一书中提出了 5A 模型：认知（Aware）、吸引（Appeal）、询问（Ask）、行动（Act）、拥护（Advocate）。五个 A 代表了企业与客户之间的五种关系。从初步了解到首次交易，再到复购裂变，客户关系的建立也非一蹴而就，而是由浅入深，渐入佳境。

数字时代，企业可以通过不同触点，与不同关系状态的客户保持密切的互动沟通，建立成熟、亲密的客户关系。

传统时代，由于缺乏数字技术，企业与客户的互动无法随时随地展开，客户关系也因此很难做到很好的保留。一旦过了客户的"品牌记忆保鲜期"，企业与未成交客户之间的关系就得从头开始。传统线下营销，经常会出现"昨天的客户消失不见，今天的客户近在眼前，明天的客户远在天边"的情况。

数字时代彻底地改善了这种局面，不但知道昨天的客户做过什么，今天的客户在哪里，还知道明天的潜在客群有什么特征、分布在哪些触点上。因此，关系链不仅可以连接昨天、今天与明天的客户，还可以留存每一份的营销轨迹和努力，串联起一条持续的增长之路。

以5A模型为框架，通过数字技术，企业可统计所有累积下来的客群资产状况。这些客户资产可以在未来为企业带来确定的收入。

好的关系链路，充分重视每一行为阶段形成的客户关系，并为客户关系的递进准备更多的"触点阵地"，由浅入深，步步留存。

初次接触潜在客户，需要设计一个"浅关系"池子。汽车行业是竞争激烈、内卷严重、客户决策周期较长的行业，汽车品牌可以通过在微信朋友圈投放广告，让客户留下有意向车型、联系方式，为下一步关系递进做准备。接下来，客服人员通过电话、短信、微信等各种方式，与意向车主预约试驾的时间与地点。虽然汽车产品投放朋友圈广告，即时性的预订转化率并不高，但它是一个寻找客户线索、锁定客户关系的重要入口。

好的关系链路能及时体现客户行为的变化。

当前的市场竞争，可谓是"超竞争"，节奏快、强度高。很多企业以为，一次传播攻势会马上转化为销售收入。这只是一种美好的愿望。从唤醒需求到做出购买决策，跑完整个客户行为链，需要一定的时间和行为，这就提示品牌重视每个客户互动环节的关系留存。因为，线上流量的成本越来越高，任何一个真实的客户互动，即使没有马上成交，品牌也要重视流量的留存，必须开展持续"育客"。在潜在客户习惯的平台上，为潜在客户提供各类咨询和服务，等潜在客户动机成熟和意向时，优先获得成交转化。

六、内容链路：创造无形价值

围绕定位制定内容策略

内容运营是数字时代的标准操作，好的内容运营可以起到四两拨千斤的效果。这里所说的内容，既包括付费类内容（Paid Content），也包括自有内容（Owned Content）。

企业制定内容策略，应充分考虑客户在不同行为阶段的内容需求特点，不同触点的内容展示特点，以及不同触点的客户关系特点，不能孤立地看待。此外，内容策略要紧紧围绕品牌定位展开。

需求是一切市场营销工作的前提，谁能有效唤醒客户的需求，谁就将获得市场竞争的先机。企业可以采用"与我相关"与"场景提示"的方法，唤醒客户在功能、心理与社会需求层面的不满足感。

在搜索与社会化学习的环节，企业可以从行业知识解决方案、客户使用体验报告着手，为潜在客户提供决策依据。在社交型触点内容中，企业尽可能在内容中植入购买信息，一方面便于意向客户下单，另一方面提示客户行动。

工业品企业同样具有客户行为链。工业品采购属于组织型购买，参与人员多，决策流程复杂。消费品的客户行为链以个人为主体，而工业品的客户行为链则以组织为主体。

数字时代，工业品的客户行为链也呈现出线上触点与线下触点相融合的局面。采购人员除了参加展会、线下拜访，也会花费大量的时间在网络搜集信息上。

据 Gartner 统计数据，B2B 企业采购时，花在网络搜索学习上的时间占整体采购流程所花费时间的 27%，与供应商沟通的时间仅占 17%。

内容是工业品企业拓展市场的利器，它不仅能提升企业知名度，而且为专业能力提供了背书。工业品企业尤其要加强内容链的建设，要把内容运营当作重要的日常工作。

内容创造无形价值

内容是品牌创造无形价值、情感价值与社会价值的重要手段。

内容可以解决"二有"问题：一是解决"有用"问题，即让客户全面了解产品使用价值；二是解决"有品"问题，即让客户了解品牌无形价值。相较于前者，后者对客户的产生影响更大。品牌带来的情感价值、兴趣价值、社会价值、社群价值，能让客户产生认同感与归属感，与品牌建立深入的联系。

很多企业在制定传播策略时，常常在效果广告与品牌广告之间摇摆不定。其实，无论是效果广告还是品牌广告，都不能让品牌无形价值缺席。如果广告诉求的重点是产品功能、价格优势，那么就会让客户产生"高性价比"的联想，将客户推向理性思考，拉长整个决策流程。

为了避免出现这种情况，企业应在内容中，持续强化对品牌无形价值的诠释，不断塑造客户的认知，用积极的情绪影响客户，缩短客户决策流程。

2019 年 11 月，阿迪达斯全球的全球媒介总监西蒙·皮尔（Simon Peel）面对媒体采访时直言：过去这些年，阿迪达斯过度投资了数字和效果渠道和内容，而牺牲了品牌建设。

阿迪达斯每年在营销上的预算投放为 20 亿欧元左右，其中，77% 预算投放在效果为代表的内容及投放渠道，23% 投放在品牌类内容及投放渠道。之所以加大效果广告的投放比重，是因为阿迪达斯认为它能推动电商渠道销售，但事实上，效果广告对批发零售只发挥了 65% 的作用。

由此可见，制定基于品牌无形价值的内容策略，不仅十分必要，而且不可或缺。

内容传达客户心声

品牌能为客户创造多维价值，根本目的是满足客户需求。因此，除了传递品牌无形价值，更重要的是，要帮客户说出心里话。

近年来，许多品牌纷纷推出昵称瓶、台词瓶、文案大字报、金句包装，借此说出客户的心里话，建立了品牌与客户的全新沟通方式，激发了客户的价值认同与情感共鸣。

江小白、可口可乐等品牌，通过将产品"媒体化"、包装"内容化"的方式打造品牌人设，让产品成为自带流量的社交工具。

内容风格是塑造品牌的重要方式，但被很多中国企业忽视。很多企业在生产内容时仅重视有用性和时效性，而忽略了品牌风格的塑造。

内容风格塑造的关键在于品牌人设。品牌人设，其实是品牌价值的拟人化表达。例如，杜蕾斯的品牌人设是幽默、俏皮，迪士尼的品牌人设是充满爱心、具有亲和力。内容风格与品牌人设，要有高度一致性。清晰且一贯的内容风格，将强化品牌在客户心智中的印象与地位。

同时，企业在选择联合营销伙伴、广告传播平台时，要考虑到与内容风格的匹配度。例如，狂放不羁的哈雷摩托很难与优雅绅士的雅戈尔西装展开联合营销，但与追求自由的李维斯牛仔裤非常契合；可爱可亲的迪士尼品牌不可能在风格优雅高贵的 *Vogue*、*ELLE* 等时尚杂志投放广告。

内容提示，推动销售转化

斯坦福大学教授福格（B.J. Fogg）在研究人类行为时发现：人类行为（Behavior）的发生，需要动机（Motivation）、能力（Ability）和提示（Prompt）三大要素同时发挥作用；当动机、能力和提示同时出现的时候，行为就必然会发生（如图 7-1 所示）。这便是著名的福格模型。福格模型对于市场营销有着很重要的参考意义。

图 7-1　福格行为模型

动机来自客户在生理、心理及社会需求层面的不满足感。不满足感越强烈，客户的动机就越强烈。

能力的大小取决于产品成本与客户购买力之间的匹配。产品成本越低，客户购买力越高，说明能力越强，反之则越弱。

提示的关键在于内容。当目标客户在不同触点跳转时，企业需要在触点衔接处明确提示下一步应该去哪里、做什么。否则，目标客户会因为缺乏明确的行动提示而茫然无措，企业会因此错失销售转化的黄金时刻。

内容提示直接决定了销售转化的效果。例如，WonderLab 的朋友圈刷屏广告，第一步吸引客户围观产生点击进入的动机，第二步引导客户关注服务号进一步了解产品，第三步引导客户点击"立即订购"弹出小程序购买页面直接下单，每一步都有明确的内容提示，最终指向销售转化。

七、破解数字时代的流量密码

客户行为链是企业开展市场活动的总体蓝图，其中，品牌发挥着画龙点睛的引领作用。它让看似一样的市场运作最终产生不一样的销售转化效果。

从品类流量到品牌流量

在数字时代，流量是王道。根据流量来源的类型，我们可以将流量分为品牌流量与品类流量。不同类型的流量会带来不同的业绩增长。

如果说品类流量是被动覆盖后产生的流量，那么品牌流量就是主动搜索所产生的流量。

企业只要强化产品的功能卖点，通过"烧钱"做传播，就能在短期内获得品类流量。它通常是算法推荐给客户所产生的被动流量，如果推荐足够精准，就可能转化成销量。

品牌流量是客户在各类搜索框中"指名道姓"搜索品牌所产生的流量。它是各类流量中成本最低、成交率最高的流量。获得品牌流量非一朝一夕之功，它需要企业具有"品流合一"的意识，将品牌经营与日常传播相融合。尤其要在内容、包装、体验等层面，不断为客户创造惊喜场景，将品类流量尽快转化为品牌流量。

从这个角度看，触点经营的目的在于源源不断获得客户主动关注的品牌流量。

短链路品类与长链路品类

理论上，客户行为链越长，销售转化的效果越差。因此，如果能将认知场景、交易场景合二为一，将有效缩短客户决策时间，提高销售转化率。

企业首先要根据产品属性与客户需求，来判断是否具有缩短客户行为链的可能性。

客户行为链较长的产品品类，认知场景、交易场景、使用场景有着泾渭分明的界限，无法做到化整为一。一般来说，高客单价产品的客户行为链较长。

汽车就是典型的长链路产品。据统计，平均每位车主的购买周期在30～40天，涉及线上汽车网站、线下4S店等多个场景。无论数字技术如何进步，他们仍然会经过购车品类梳理、品牌信息对比分析、4S店试乘试驾等行为，才会最终决定是否购买。如果考虑到提车、贷款、保险缴纳、上牌等事项，整个客户行为链的时间远超过40天。其中，线下4S店是不可或缺的重要场景。

客户行为链较短的产品品类，认知场景、交易场景、使用场景可以浓缩在一两个场景中实现。通常而言，客单价较低、复购率高、即时满足的产品品类，客户行为链较短。

啤酒是短链路产品的代表。很多人认为，随着电商的普及，啤酒消费会从线下转向线上，但事实并非如此。数据统计，2020年，啤酒销量中，线下渠道占比高达88.9%，线上渠道仅为11.1%。这是因为啤酒消费者更倾向于即时饮用。餐厅、酒吧、KTV等线下场景，不仅是啤酒的认知场景、交易场景，而且是使用场景，做到了三场合一。

长链路变短与短链路变长

理想的情况是让客户在同一个场景下实现从心动到行动的全部过程。研究表明，相比线上场景，线下场景更容易实现这一目标。

例如许多食品饮料产品，在线下门店（如商超、便利店、咖啡馆、茶饮店等），就可以完成从认知、心动、体验、购买、交付到使用的全过程。一个新用户只要在星巴克的线下咖啡厅待上一个小时，也许就会成为星巴克的忠实拥趸。

为了缩短客户行为链，企业应该想办法将认知场景、购买场景、使用场景尽可能融合，实现线上线下触点紧密协同。可惜的是，很多企业将客户认知工作、销售转化工作割裂开来，造成的结果是：市场部门只考虑传播，销售部门只考虑销量，品牌管理工作脱节，浪费了大量的品牌投放资源。

华润雪花董事会主席侯孝海认为，年轻化、高端化是大势所趋，其中的关键是通过品牌传播与消费者紧密连接。近年来，雪花啤酒从价格战、促销战向品牌战升级。一方面，它通过主流综艺节目吸引年轻的消费者；另一方面，它利用分众电梯媒体锁定都市主流消费群体。在高效联动之下，华润啤酒实现年轻化、高端化转型。2022年，华润啤酒实现净利润 42.91 亿元，市场占有率超过 31.9%。

品牌增长链路需要品牌与渠道伙伴共建共享

中国市场的规模与复杂程度，造就了中国独特的营销渠道模式。在传统营销时代，品牌为提升全品牌价值链的效率开创了很多新策略。娃哈哈与渠道伙伴建立的"联销体"，确保了娃哈哈与渠道伙伴在共同利益的驱动下，能够力出一孔。

在移动互联网深入发展阶段，中国消费者基本已经互联网化，大规模的流量红利期已经结束。无论是品牌还是渠道商，都希望通过数字化手段，实现对终端用户关系和需求的把控，从而实现相对低成本的增长。移动互联网时代，品牌要有更大的发展格局，与渠道伙伴共同经营顾客。品牌商必须与渠道伙伴共同努力，共创超越竞品的覆盖全城与全时的品牌体验，而不是双方各自努力，互相提防。品牌需要零售终端完成终端物流与针对客户的日常品牌关系维护。而零售终端则需要品牌持续强化品牌影响力，为客户关系经营提供整体吸引力。

企业增长呼唤品牌增长官

在数字时代之前，认知与购买之间差着时间、隔着空间，所以，负责认知与购买的职能被分割到两个部门，即市场部和销售部。二者合在一起，被称为市场营销。在组织架构上，两个部门的总监向负责营销的公司级高管汇报（如负责营销的副总裁）。

用品牌整合各项分散的工作，一致地指向增长，也需要从公司内部的关键岗位职责与职能变化中体现出来。2017 年 3 月 23 日可口可乐宣布在马科斯·德·昆托退休后，将不再设立全球营销官，而是在此基础上，合

并客户、商业领导力和战略职能，创立了"首席增长官"，直接向 CEO
汇报。

从客户经营和品牌资产的角度，作者建议将首席增长官明确为首席
品牌增长官。这可以提示企业管理者，不只要追求短期内的营收增长，
还要关注增长背后的积累，以及后续可实现的"复利增长"。而品牌可以
成为企业持续发展的重要支持与工具。

第八章

第六策：再出发——品牌延伸推动企业成长

一、为什么品牌延伸会成为品牌管理的热词

发展阶段使然

改革开放初期，中国市场整体处于供不应求的状态，由此催生了海量的新产品和新品牌。如今，中国市场进入充分竞争时代，大多数品类赛道已处于供过于求的状态。尤其在数字化时代，产品生命周期缩短，新产品上市的失败率越来越高，新品牌推广的费用也越来越高。

康师傅前市场总裁曾在一次采访中透露，20年前，中国企业在主流媒体花费1亿元人民币可以打造一个具有全国知名度的品牌，但在今天，这个费用将至少增加10倍。

增长模式使然

企业如何应对日益激烈的市场竞争和营销费用日益高涨的双重压力？一个有效的策略是，基于既有产品和业务进行相关性延伸。这样可以放大原有的品牌认知基础，重复利用已投放的市场费用和资源。相对于打造全新品牌，品牌延伸是许多企业推动精益增长的常用手段。

一项调查显示，美国每年上市新产品中，90%是采用品牌延伸的方式，而不是采用全新品牌。20世纪70年代，美国超市引进的7000多个新产品中，年销售额超过1500万美元的新产品只有93个，而其中2/3采用了品牌延伸战略。

中国知名快消品企业娃哈哈就是通过品牌延伸实现快速增长的。从

最初的娃哈哈营养液延伸到娃哈哈瓶装水（1995）、儿童奶（1996）和八宝粥。2021 年娃哈哈集团销售额约为 519.15 亿元，娃哈哈 AD 钙奶销售额突破 92 亿元，娃哈哈瓶装水销售额为 76 亿元，娃哈哈八宝粥销售额为 39 亿元。

海尔集团也采取了同样的品牌延伸策略。从最初的冰箱到空调、彩电和洗衣机，采用的都是海尔品牌。这些产品在各自的赛道中取得了不俗的战绩。2022 年，海尔空调在国内的销量达到了 871 万台，名列国内同行业第三名；海尔电视机的销量为 380 万台，名列全球同行业第十名；2022 年海尔洗衣机的销量达到 420 万件，名列全球同行业第一。

二、企业增长视角下看品牌延伸的类型

从用户认知的角度看，企业增长来自品类与品牌两个维度的共同发力（如图 8-1 所示）。

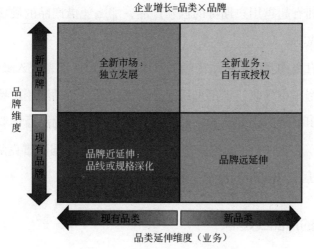

图 8-1　企业增长视角下品牌延伸与品类延伸的"一体两面"关系

品类延伸，即企业不断进入新的产品类别，甚至非相关的业务领域，通过不断增加新的收入来源获得增长。例如，海尔集团的品类延伸具有高度相关性，无论是冰箱、洗衣机，还是空调，都是大家电之下的细分品类。而维珍则采取了非相关的业务延伸，它从唱片业起家后，又进入民用航空，其后进入铁路运输和太空旅行领域。

在实践中，品牌延伸与品类延伸是"一体两面"的关系。"一体"指两者的共同目的是推动企业不断增长。品牌认知引导用户行为，产品体验成就品牌认知，品牌延伸、品类延伸分别从主观认知与客观体验两个维度推动企业增长，这即是"两面"的内涵。成功的品牌延伸，能形成"知行互动"的良性循环。

品牌延伸是采用原品牌进行产品和业务延伸的一种增长策略。品牌延伸注重发挥品牌所独有的认知力量，以原品牌的认知资产去赋能新产品，快速解决知名度和信任度不足的障碍，让更多潜在用户放心地去尝试。

品类延伸强调通过更强的新产品功效和用户体验，去赢得新的用户。如果企业拥有超越用户期待的创新产品，那么凭借产品的硬实力，也能获得巨大成功。

丰田汽车在北美市场站稳经济型轿车市场后，准备进入豪华车市场。在进入豪华车市场时，丰田采用了全新的雷克萨斯品牌。虽然新品牌无法获得丰田品牌的认知赋能，但雷克萨斯凭借更高的品质体验以及相对低的价格，迅速打开了美国豪华车市场。从 1999 年起，雷克萨斯品牌连续 11 年位居美国豪华汽车销量第一的宝座。

原品牌下的产品线延伸

用户需求是品牌延伸的源动力，随着用户需求不断细化，产品线业需要进一步深化。

原品牌下的产品线延伸是一种"近延伸"，它更多的是通过丰富产品规格、特征实现延伸，并没有突破品类的范畴。对消费者来说，无需进行新品类知识的学习，即可完成购买决策。

碧浪洗衣粉于 1967 年在德国推出，如今碧浪洗衣粉被引入 160 多个国家和地区，成为世界上最畅销的洗衣粉之一。

1993 年碧浪品牌进入中国市场，针对用户需求不断推出新产品系列和规格。1996 年推出碧浪第二代产品，1999 年推出高科技的碧浪漂渍洗衣粉，2002 年推出滚筒洗衣机专用的低泡洗衣粉，2003 年推出含蓝色和绿色强效去污粒子的新碧浪洗衣粉，2010 年推出全新产品碧浪洗衣液。

产品会老化，品牌也会老化。通过原品牌下的产品线延伸，可以不断提升原品牌的市场活跃度和用户满意度。

原有品牌下的新品类拓展

原有品牌下的新品类拓展是一种"远延伸"，它通常是在非相关多元化的业务延伸中，直接使用原有的公司品牌。

中国很多知名的集团公司都是多元化企业。1998 年成立的宝钢集团，是中国最具竞争力的特大型钢铁联合企业。2005 年，宝钢被《财富》杂志评为 2004 年度世界 500 强第 309 位，成为中国制造业中首批蝉联世界 500 强的企业。

宝钢集团采取适度的相关多元化战略，除钢铁主业外，还涉足贸易、金融、工程技术、信息管理、煤化工及钢材深加工。作者曾协助宝钢集团梳理了基于产业链上下游业务的品牌组合策略。我们认为，宝钢品牌代表了"精品"定位和"卓越"的能力，在市场上积累了足够的品牌势能。因此，它在钢铁相关性业务延伸中，均采用"宝钢"为主品牌。与主营业务关联性不大的业务延伸，如金融证券业务等，则采用了"华宝"品牌。

这种新老品牌的组合策略，使得宝钢集团既兼顾了基石业务的持续发展，又为新业务的拓展留下广泛的空间。

新品牌下的新市场开发

企业在进入品类的高端或低端市场时，经常采用新的独立品牌。这样既可以为新的独立品牌创造更鲜明的品牌形象，赢得更广阔的市场空间，也与原有品牌产生有效区隔，不会对原品牌产生负面影响。

这是一种常见的品牌策略，实施者众多。2006年，海尔集团推出高端家电品牌卡萨帝，与海尔品牌进行有效区隔。2021年卡萨帝实现了129亿元销售收入，相较于2020年增长了48.3%，在万元级家电上，卡萨帝始终处于领先地位。

为了让新老品牌之间产生更多的连接，许多企业会采用主副品牌组合的策略，将主品牌的认知度与副品牌的个性化进行统一。2004年，联想收购了IBM的笔记本电脑品牌ThinkPad，将其定位为商务场景下的高端品牌。2008年，联想又推出新的笔记本电脑品牌IdeaPad，将其定位为消费级产品，与商务级的ThinkPad相呼应。这一子品牌推出后，逐渐取代了国际的Lenovo3000系列和国内的天逸系列，实现了主副品牌的有效统一。

新品牌下的新品类延展

新品类延伸策略与新市场开发策略有所不同。新品类延伸，往往基于多元化战略，包括相关多元化、非相关多元化。如何从用户角度去设定"品类标签"，是这一策略的关键所在。

如果新品类与原品类之间的相似度较低，尚未建立高势能品牌的企业通常会选择创立新品牌。例如，五粮液集团通过收购奇瑞集团旗下的凯翼品牌进入新能源汽车市场。五粮液在消费者心目中的地位根深蒂固，它是高端浓香型白酒的代名词，很难让人将它与新能源汽车联想在一起。因此，基于非相关多元化的战略，五粮液集团推出了一个完全独立的新能源汽车品牌。

企业采用非相关多元化的方式实现快速增长，是中国经济在过去40年高速发展中的特有现象。尤其在改革开放的初期，中国市场充满了各种机遇，很多企业走上正轨之后，顺应时代潮流，凭借积累的资源和能力，进入非相关业务领域。部分优秀的企业能在多元化的道路上获得不错的发展，成为多元化企业集团。同时，也有很多企业因为非相关多元化造成资源分散、市场竞争力不足，最终导致企业破产倒闭。

对于企业到底该不该实施非相关多元化战略，理论界一直存在争论，在此不做过多讨论。

三、品牌延伸的好处与界限

过犹不及，凡事皆有利弊。品牌延伸具有无可争议的优势，但过度和失去焦点的品牌延伸，也会对原品牌产生伤害，影响企业的持续增长。

能降低新产品市场进入的认知门槛

可以用来延伸的品牌，一般都具有一定的用户基础和积极的品牌联想。利用这一优势，原品牌下的新产品能较好地跨越"首次尝试"门槛，无须从零开始建立用户认知，能减少与渠道商沟通的成本。如果新产品在功能、品质上的表现不弱于竞品，那么原品牌的忠实用户就会优先购买该产品。

能提升企业市场资源的复利效应

品牌延伸有助于将有限的资源集中在原品牌上。随着原品牌成功地推出新品类、新产品，原品牌的认知度将会不断提升，加深用户对品牌的积极印象。

由于原品牌承载了企业源源不断的市场投入，那些获得成功的新产品进一步转化为品牌资产。这一良性循环，经过时间的沉淀就会形成复利效应。

苹果公司最早的产品线集中于个人电脑，后来在同一品牌标识下，以副品牌的方式延伸到个人音乐播放器、智能手机、平板电脑及其他可穿戴智能产品上。今天的消费者已经不再用"电脑公司"或"手机公司"来定义苹果公司。它早已经成为一家"消费电子公司"，甚至是一家"高科技公司"。

在这一品牌延伸策略下，苹果公司即便进入非相关性业务，也会大获成功，例如世界上有无数的"果粉"期待苹果公司推出新能源汽车。

过度品牌延伸可能会反噬原品牌

过度的品牌延伸会造成原品牌认知模糊和业务重点失焦。尤其在企业进入低端市场时，要慎之又慎，因为低质低价的产品延伸，最终会损害原品牌的用户资产与认知资产。

1950 年，皮尔·卡丹于创立于法国巴黎，以世界著名时装设计大师皮尔·卡丹的名字命名。1960 年，皮尔·卡丹利用在时装领域积累的品牌资产，将产品线延伸至香水与化妆品领域，获得了巨大成功。

　　然而可惜的是，此后皮尔·卡丹开始做起了"卖品牌的生意"，通过品牌授权的方式，将产品线延伸到巧克力、地毯、家具、饭店等所有能进入的领域。结果，过度的品牌授权导致皮尔·卡丹对品质、品牌的管理失控。由于被授权的产品品质不一，仅十来年的时间，皮尔·卡丹就将原先积累的品牌资产耗损殆尽。在这一系列品牌延伸中，皮尔·卡丹受到重大打击。

　　过度品牌延伸会形成品牌黑洞，最终会反噬原品牌。

四、品牌延伸背后的心理学原理

　　为什么有的品牌延伸获得了成功，而有些却失败了？为什么一些看似不相关的品牌延伸，但又很成功？从认知心理学上，我们可以找到清晰的答案。

　　众所周知，认知心理学是专门研究人类如何认识、思考和决策的心理学分支。因此，认知心理学是消费者行为学、行为金融学和决策科学的理论基础。

类比学习

　　认知心理学的研究成果表明，人们在生活中会不断积累和学习如何对外界事物进行分类。

　　简单而言，类别就是对包含某一共同特征事物的统称。分类就是某一事物是否具有关键共同特征，从而判断它属于某一类别的心理过程。

同一类事物通常具有类似的关键共同特征，比如鸟类都有羽毛和翅膀，这是定义鸟类的"关键共同特征"。蝴蝶有翅膀，但没有羽毛，所以，蝴蝶是昆虫而不是鸟类。

在大品类之下的不同细分类别，同时具有相似性和差异性。比如老虎、狮子、加菲猫三种动物，从外形来看，老虎、狮子外形凶猛，小猫却憨态可掬。然而，从细分品类（动物科）看，三者同属于哺乳纲食肉目猫科动物。尽管属于同一科，三者既存在相似性，也具有差异性。

用户会根据需要，将新产品、新品类根据"关键共同特征"进行归类，并通过积累的"品牌心智"将它们与原产品、原品类进行类比，判断它们是否如原来一样可靠可信。

晕轮效应

晕轮效应，即爱屋及乌。用户会将对品牌的喜好转移到新产品、新品类上，产生类似"××出品必属精品"的积极联想。

用户在接触新产品时，往往会将品牌认知直接迁移到新产品上。这种先入为主的现象，心理学中称为晕轮效应。

晕轮效应的形成原因，与用户的认知方式息息相关。用户在接触新产品时，不会对新产品产生孤立的认知，而是倾向于把品牌的不同属性、不同功能归为一个有机统一的整体。譬如，当用户看到金黄色的"M金拱门"的标识，会直接联想到便捷的西式快餐，再联想到汉堡、炸薯条、快捷、卫生，等等。"窥一斑而见全豹"，用户通过品牌标识，就能迅速了解新产品的属性、功能与特点。

内隐人格理论认为，人的有些品质之间是有其内在联系的。比如，热情的人往往对人比较亲切友好，富于幽默感，肯帮助别人，容易相处；

而冷漠的人较为孤独、古板，不愿求人，比较难相处。

用户倾向于以拟人的方式对品牌进行联想。一旦用户对某品牌产生了"热情"或"冷漠"的人格化认知，就会自然而然联想到其他的品牌特征。因此，企业需要主动管理与用户互动的人物形象，如企业家、店铺服务人员、明星代言人等。

五、品牌延伸的四种类型

类比学习和晕轮效应，是推动品牌延伸的心理学基础。基于此，企业可以在四个层面开展品牌延伸。

基于特征相似性的品牌延伸

基于产品或品类特征进行品牌延伸是最常见的品牌延伸类型。用户会将新产品、新品类与原产品、原品类进行多维度比较，如果相似度高，则用户会对品牌延伸有较高的心理接受度，反之，则会产生较低的心理接受度。

基于特征相似性的品牌延伸是一种"短延伸"。由于新老产品或品类之间的特征具有高度相似性，因此更容易被用户认知和接受。

不过，值得注意的是，用户只愿意运用自己的知识体系进行品类比较。很多情况下，用户对品类的认知与企业并不一致。

比如，消费者会使用小家电、厨房电器来概括电热水壶、电饭煲、豆浆机、电吹风等一系列提高人们生活质量的低功率家电产品，但不会使用"黑色家电"来统称可提供娱乐的产品，而是倾向于使用家庭影院、音响设备等来进行分类。

基于使用场景相似性的品牌延伸

体验场景是消费者最为熟悉的产品体验集合单元。一个体验场景可以涵盖若干产品品类，而且不同品类之间存在互补性。

比如，瑞幸在销售咖啡的同时，也提供简餐，包括但不限于三明治与蛋糕。对于咖啡爱好者而言，早餐、午餐与下午茶是咖啡饮用的主要场景。在同一场景下，消费者在饮用咖啡时，也有餐食的需求。

通常情况下，消费者走进咖啡店，优先选购咖啡，然后顺道购买搭配的餐食。这个场景下，消费者对餐食的要求，便利性胜过口味。因此，基于同一场景的品类延伸，是一件水到渠成的事。消费者并不觉得"违和"，企业也乐享其成。

基于公司能力相似性的品牌延伸

公司实力是用户信心的保证。如果用户对公司能力表示认可，他们就会产生爱屋及乌的心态，自然得出"既然它的实力这么雄厚，推出来的新品牌必然不错"的推论。

核心能力是战略管理领域的重要概念。如何让用户认知企业具备核心能力，并将其代入品牌延伸中，是一个难题。

核心竞争力概念的提出者哈默曾分析过本田的案例。他认为，本田从汽车发动机领域成功延伸到船用小型发动机，背后的原因在于本田具有"小型化高品质汽油引擎"的能力。不过，这一核心能力要被用户认知，必须翻译成"高品质、卓越的发动机研发能力"。这样才能让用户真正理解公司核心能力。

核心能力的相似性，将品牌延伸从产品层面提升至公司层面。这意味着，企业不仅要注重产品品牌打造，而且要建设公司品牌，让公众对公司核心能力有更清晰的认知，为品牌延伸夯实基础。

小米集团在推出小米系列智能手机的同时，提出了"厚道良品"的设计制造能力。基于对小米这一核心能力的认可，用户更趋向认为，小米集团推出新的电子科技产品也属于"厚道良品"。

继小米手机之后，小米产品很快将业务延伸到电脑、充电宝、液晶电视、路由器等领域，大获成功。2021 年，小米集团的 IoT 与生活消费产品收入高达 850 亿元，同比增长 26.1%。

基于价值观相似性的品牌延伸

核心价值观是一家企业的基本原则，包括使命、愿景、经营理念、行为方式等。它超越了业务、产品层面，定义了企业从哪里来、到哪里去。

企业的核心价值观，往往能引发用户的共鸣，成为用户表达个性、身份的"社交工具"。

在当下中国的商业环境中，罗永浩是一个"另类"。他高中肄业后，自学成才，成为新东方的王牌英语教师，之后自创教育培训机构"老罗英语"，获得巨大成功；至此，罗永浩建立了"彪悍的人生无须解释"的价值观和鲜明的个人幽默特质，顿时圈粉无数。

凭借这种价值观的认同，罗永浩在手机行业铩羽而归之后，快速进入直播带货的行列，也大获成功。这是因为，罗永浩拥有海量基于价值观认同的"罗粉"，正是他们的支持让罗永浩再次翻身，上演了一出"真还传"。

具有远大使命感的企业，不仅能获得商业上的成功，而且会获得社会对公司价值观的认同。这样的企业，具有最大的品类和业务延伸力。

六、品牌延伸推动公司增长的三阶段

并不是每一个品牌在创立之初就具备品牌延伸的条件和基础。在品牌延伸之前，企业需要不断地积累品牌知名度与美誉度，并要在用户心中实现品类认知突破。在创立之初，品牌是产品与服务获得用户认可所产生的结果。当品牌获得用户认可之后，它就具有了产品、业务延伸的可能。

品牌延伸阶段一：爆品及爆品系列化

企业在创立之初，需要从爆品打开成长的突破口。

所谓爆品，是指某些功能和特性上显著优于现有产品的热销产品。爆品解决了用户的"痛点"，往往会成为某个细分品类的开创者。在爆品成功后，品牌应该乘胜追击，围绕爆品进行产品规格的丰富，以及产品卖点的进一步升级，实现爆品的系列化。

2005 年，蒙牛推出新品牌特仑苏，成为中国高端常温奶第一品牌。特仑苏选用精选牧场奶牛，乳蛋白含量达到 3.2 克（普通常温奶是 2.9 克）。由于与其他常温奶有明显的区别，特仑苏面世后，随即成为当时市场上的爆品。打响第一炮之后，特仑苏随即推出了"梦幻盖"包装，丰富了饮用场景。

为了强化产品独特性，特仑苏又对牛奶品质进行进一步升级与创新，相继推出低脂奶、沙漠有机奶、谷粒牛奶、嗨 Milk 牛奶、M-PLUS 高蛋白牛奶等产品，满足不同细分人群的需求。2022 年，特仑苏销售额突破 300 亿元人民币，成为全球乳业最大的单品。

爆品的成功，初步解决了品牌的知名度和认可度，而产品线系列化可以不断提升品牌的活跃度，不断巩固和扩大企业的成长空间。

品牌延伸阶段二：基于核心能力的品类延伸

爆品及爆品系列化的成功，不断在用户心智中强化品牌背后的各项能力，如研发、设计、品质等。

在爆品获得成功之后，企业的品牌管理工作重点，应放在爆品背后的公司品牌上。企业需要有策略地以核心能力为基础进行公司品牌打造，为后续的大品类延伸奠定认知基础。

强化公司品牌的核心能力是手段，最终目的是将单一爆品延伸至大品类。这才是品牌延伸的画龙点睛之笔。

爆品的成功让企业具备了品类覆盖的条件。企业可借助爆品的成功，向用户传递一个强烈的信号：企业具备打造系列爆品的能力。这是很多品牌借助爆品破圈后，实现持续成长的关键。

值得注意的是，企业应该聚焦于能让公司核心能力发挥作用的品类。

蕉下是国内知名的新消费品牌。2013 年创立后，蕉下打造了第一个爆款产品——防晒"小黑伞"。该品牌创始人发现，当时市面上的防紫外线伞效果不佳，且设计感不足，无法满足新一代消费者好用且好看的需求。

基于此洞察，蕉下将自主研发的、可高效阻隔紫外线的 L.R.C ™涂层运用在伞布制作中，同时结合空气层有效隔热的双层工艺和手工缝制，使防晒小黑伞兼具创新科技、设计美学的双重特性，拥有了爆款产品的潜质。防晒小黑伞的成功，让蕉下一跃成为防晒伞的头部单品。

2016—2019 年，蕉下以防晒、凉感、平爽感为切入点，研发出 Anti-Burden 疲劳防护、Anti-UV 日晒防护、Anti-Hot 炎热防护、Anti-Cold 寒冷防护、Anti-Water 防水防污、Anti-Stuffy 闷热防护、Anti-Sweat 暴汗防护、Anti-Wind 暴晒防护、Anti-Bug 蚊虫防护九大防护科技，以此为基础，布局伞具、防晒服、口罩等多个品类，成功地从单一的防晒伞延伸至户外防晒全品类。

品牌延伸九阶段三：基于生活方式的品类延伸

如果企业在大品类市场上站稳脚跟，企业的核心能力将进一步增强，溢出到更加广阔的应用场景之中。从用户的角度看，由一个品牌提供特定场景下的全部产品，也是一种降低购买成本的"便利之选"。

2022年，安踏集团营收达536.51亿元，首次超过耐克中国（折算为514.22亿元人民币），成为中国最大的体育用品集团。其中，自有品牌安踏的营收为277.23亿元，同比增长15.5%。

安踏集团以运动鞋进入市场后，不断提升研发与设计能力，延伸出全系列运动产品和全人群的整体运动装备解决方案。消费者只要走进一家安踏的品牌专卖店，就可以一次购齐所需的全部鞋服装备。

耐克、阿迪达斯等全球体育用品巨头也各自延伸出覆盖各日常运动场景的全套鞋服装备，比如，耐克的专卖店就按训练、慢跑等场景陈列专用的运动鞋和配套训练服。

很多消费品企业擅长以无形价值为杠杆，展开差异化的品牌延伸工作。无形价值包括独特的产品理念、设计风格、文化底蕴、应用场景、价值主张等。

1980年诞生于日本的无印良品，是一个以简约、实用设计风格著称的日用杂货零售品牌。

无印良品，意指"没有名字的优良商品"。它通过精选材质、修改工序、简化包装等手段，为消费者制造简洁而舒心的低价位商品。更重要的是，无印良品所代表的"断舍离"的生活态度和以简为美的审美情趣，为现代社会的年轻人所推崇。

在独特生活理念的推动下，无印良品的产品品类覆盖日常生活的方方面面，包括但不限于家具、家纺、洗护、服装、生活杂货、食品、文具、电子产品、美容用品等全产品类别。

基于无形价值的品牌延伸难度非常高。一方面，它要求品牌能提出感动人心的价值主张；另一方面，要求将这些价值主张持续贯彻到产品设计、制造和终端体验之中。

品牌延伸三阶段体现了一般情况下品牌竞争力由弱到强、由小到大的过程，但并不是每一个品牌都适合。行业、品类、企业不同，品牌延伸的底层逻辑也不尽相同。品牌延伸是一个复杂的系统工程，既涉及品类延伸跨度的问题，又涵盖品牌再定义的问题，更包括战略定力的问题。

七、如何辩证地看待品牌延伸

既不夸大，也不矮化

作者认为，成功的品牌延伸策略，关键在于从用户价值出发，科学地看待品牌在不同品类、业务延伸中发挥的作用，既不过分夸大品牌延伸对新产品的推动作用，也不完全无视品牌延伸所带来的各种影响。

对于强功能的品类来说，品质、功能和价格才是产品延伸是否成功的关键因素，如液晶电视。虽然品牌在产品、业务延伸中发挥着"敲门砖"的作用，用户更加愿意试用新产品，但并不意味着必然会成功。

对于强社交的品类来说，品牌所代表的无形价值才是关键，如奢侈品。品牌在产品、业务延伸中发挥着主导的作用。

知名法国奢侈品品牌爱马仕的爆品是皮具。在皮具之外，爱马仕还延伸到丝巾和领带、成衣时尚、香水和美容、珠宝、手表，都获得了成功。

2021年，爱马仕年销售额达到96亿美元，净利率从2019年的22.2%升至2021年的27.2%。截至2021年底，爱马仕共开设了303家门店。

虽然皮革制品和鞍具都是爱马仕的主力品品类，但在2022年，爱马仕对这一类别的依赖程度低于过去，从2019年第一季度占收入的50%降至2022年的43%。第二大类别——成衣和配饰的销售额几乎翻了一番。它的其他板块业务，珠宝和家居上涨了182%，手表则上涨了212%，香水和化妆品及丝绸和纺织品分别上涨了40%和41%。

把握品类延伸的用户认知尺度

用户通常会根据自身的需要来认知品类，划分产品。这成为品类延伸的重要出发点。

因此，品类延伸要非常明确，要具体到细分产品。这样有助于用户在日常生活中"按图索骥"。比如，定位为"好空调，格力造"的格力空调，产品就非常细分，如工业制冷、商业制冷、家用制冷等。

品类延伸除了根据细分产品进行延伸，更可以通过应用场景来进行。比如，海尔电器将名称改为海尔智家，意即在智慧家电时代，海尔能为用户"一站式"地提供全屋整套智能家用电器。智能家电的品类覆盖冰箱、空调、彩电、智能门禁以及其他全套智能家居产品。

通常来说，知名品牌在品类延伸时，用户的认知难度较小，有利于新产品、新业务的推广。

曾有观点认为，一个品牌只能锁定一个产品品类，这样就不会稀释用户的心智资源。甚至有专家曾建议，苹果在智能手机获得成功之后，不应该将苹果品牌应用在智能手表和平板电脑上。但市场销量和消费者反馈证明，苹果的品牌延伸获得了巨大的成功。

该观点忽视了"具象品类"和"概念品类"的差异，也低估了用户对"概念品类"的接受度。"具象品类"往往和产品实物相对应，比如液晶电视、空调、瓶装饮用水，所见即所得。"概念品类"则需要用户的认知加工与总结，进行一定的"概念拆解"才能对应到具体的实物品类上，比如小家电、厨房电器、生活电器、智慧家电等。

因此，企业需要研究用户的品类认知半径，这是品牌延伸的"主观边界"所在。以格力空调与美的空调为例。2020年，格力空调总销量为4031万台，美的空调总销量为4804万台。相比格力，美的没有将自己定位为"具象品类"，而是更为广泛的"概念品类"，这大大降低了美的品牌延伸的难度。

2020—2022年，蕉下在实现了户外防晒的品类延伸之后，进一步提出了"轻量化户外"的生活方式品牌定位，以城市户外主流场景进行深度布局。

基于伞、服饰的户外防晒品类基础，蕉下陆续推出鞋、帽、内物、配饰等品类产品。赛道不同，竞争对手也完全不同，它要直面各类户外品牌的激烈竞争。在这次品牌延伸中，蕉下面临巨大的挑战，它的品牌认知与产品能力，必须能支撑城市户外这个更大的场景品类。

企业的增长是认知与能力共同作用的结果。品牌延伸是企业的成长战略，能从用户的认知中得到外部指引。因此，企业高管要像研发产品一样，研究用户如何对不同品类进行归纳总结、概念拆解，如何认识企业的能力类型和边界。这套用户的"心智密码"，能为企业成长赢得先机。

有些企业将之前的 CMO 岗位（首席营销官）改为 CGO（首席增长官），新设的首席增长官，不仅包括销售的职能，更整合了更多的产品规划、客户服务和战略规划的职能，其核心目标是促进业绩增长。首席增长官的设立，为企业的增长提供了组织保障。

第九章

Chapter 9

建立战略型公司品牌管理体系

一、什么是战略型品牌管理体系

战略品牌管理大师让－诺埃尔·卡普费雷尔（Jean-Noël Kapferer）在《战略品牌管理》一书中指出，"品牌管理应该是涉及企业资源和所有职能的过程，应集中到战略意图上，以便创造差别化。只有调动企业内部所有创造附加价值的源泉，才能超过竞争对手，创建品牌"。

因此，中国企业需要相应地构建战略型品牌管理体系，在公司的内部工作流程中，全面融入品牌意识。只有这样，才能持续创建品牌资产，成为"品牌企业"。

战略型品牌管理体系是"战略—品牌"一体化的品牌管理体系。它要求企业将公司最高战略管理机构、品牌管理机构合二为一，构建最高品牌管理团队。同时，它要求企业战略管理人员能从"持续创建品牌资产"的视角进行战略决策与管理。

传统品牌管理体系以传播职能为导向，品牌部通常设置在市场部之内，主要由广告、公关和平面设计人员组成。在相当一部分企业中，品牌不是企业高管团队的工作重点。虽然部分企业将"市场部"命名为"品牌部"，一定程度上凸显了品牌管理的重要性，但仍然无法在公司整体层面实现品牌引领。

二、如何建立战略型品牌管理体系

一套运转良好的品牌管理体系，包括四大组成部分：品牌管理职能、品牌管控模式、品牌管理组织和关键品牌管控指标体系。

品牌管理职能决定公司品牌工作"干什么"，是企业开展品牌管理工作的起点。

通常，不同的企业会根据自身的需要，赋予品牌管理不同的内涵。因此，不同企业中的品牌管理职能的差异巨大。

目前，中国企业的品牌管理职能过于偏重品牌传播，忽略品牌管理。这势必会造成很多品牌问题，比如产品线的过度延伸等。虽然增加产品线意味着增加营收，但如果没有品牌部门的参与，产品线延伸就会成为无边界游戏，长期下去，就会损害宝贵的品牌资产。企业获得了短期收入，但最终失去的是长期利益。

品牌管控模式决定企业组织上下围绕品牌职能"如何干"。更通俗的说法是，"谁来管""谁参与"以及"谁来干"。

企业最高领导层要在不同职能部门、分/子公司之中，对品牌管理进行责权分配。尤其对于集团型企业来说，品牌管控模式要与集团管控模式相一致。品牌管控模式，要遵循集团战略、运营管理的总原则与总框架，但在特定职能上可以采取相对灵活的操作。

品牌管理组织决定哪些部门、人员参与品牌工作中。

为了确保品牌管理工作顺利进行，企业可以成立品牌部或专门的品牌管理委员会，以开展日常品牌工作。品牌管理组织既要体现品牌管控模式，也要考虑公司内部资源状况。根据作者的咨询经验，大部分中国企业都需要强化品牌专责组织，补齐品牌管理的短板。

关键管控指标决定品牌工作的成效。企业为了及时掌握品牌策略、品牌管理的成效，要根据投入产出比最大化原则，设定关键过程与评价指标。

企业根据这些指标，可随时了解各项品牌工作的推进过程和结果状况，结合内外部的监测数据与信息，适时对品牌策略进行调整。大数据时代，品牌监控有了更大的发挥空间。

这四个部分环环相扣，从搭建框架、权责分配、组织保障、效果评估等四个维度，形成了品牌管理工作的闭环。

三、建立公司的战略型品牌管理职能

随着市场竞争的加剧，品牌开始与销售业绩挂钩，品牌管理也因此成为市场增长策略的重要组成部分。在许多成熟的企业，品牌是它们的核心战略，品牌管理的内涵非常丰富，涵盖产品研发、产品质量、企业文化、用户体验等不同层面的工作。不同发展阶段的企业会叠加不同的品牌管理职能。

由此，作者为中国企业提出了一套适合数字时代竞争需求的品牌管理理念，即战略型品牌管理职能。

战略型品牌管理职能，至少包含七项具体职能：品牌延伸管理、品牌组合及架构管理、品牌增长链路管理、品牌体验管理、品牌内容及传播管理、品牌社群管理以及品牌资产管理。

传统意义上的品牌延伸管理，往往是先做产品、品类和业务延伸，再思考使用品牌的问题。而战略型的品牌延伸，则以品牌增值为出发点，综合评估品牌认知与公司能力，最终确定哪些产品、品类、业务合适延伸。海尔集团战略决策委员会的职能就包含了品牌延伸管理。该委员会，负责审批哪些产品、品类、业务可采用海尔品牌做延伸，哪些不适合。

品牌组合及架构管理，确定的是公司品牌与事业单元品牌、产品品牌之间的关系。对于规模巨大的集团型企业来说，品牌如何统一规范使用是一个常见的棘手问题。它没有标准的解决方案，需要企业全面考虑品牌管理的复杂度，以及具体的品牌使用场景。

品牌增长链路管理，要梳理用户从需求产生到持续购买的全过程，并从购买行为入手进行链式管理。尤其要打破公司内部的部门墙，将影响用户行为的关键场景纳入通盘考虑。相较于消费品企业，工业品企业因为参与者多、流程复杂、周期长，更需要将关键场景进行串联管理，高效率地推动企业的业绩增长。

品牌体验管理，强调从用户全场景的接触点出发，为用户创造美好的体验，激发情感的共鸣。品牌接触点，既包含传统的售前咨询、售中解答、售后服务及线下门店网点等有人接触点，也包括线上各类官方号、服务号等无人接触点。

服务型行业，如医美、酒店与餐饮企业，可以通过品牌体验管理，将传统的门店空间设计、用户动线规划、服务体系建设整合起来。这样可以避免用户体验沦为简单的设计与售后工作。

品牌内容及传播管理，可根据用户的行为链路，制定相应的内容策略和传播策略，促进用户持续购买。这里的内容，既包括平面广告、视频广告、软文广告，也包含各类延伸内容。在移动互联网时代，每家企业都要像媒体一样，持续地输出有价值、有趣的内容，只有这样才能持续地获客和成交。

品牌社群管理，可以以品牌价值观为旗帜，将公域流量沉淀到私域，通过持续深入的互动，提高转化率与忠诚度。与一般的社群商业不同，品牌社群具有明确的价值观，具备超越商品的圈层社交功能。比如，蔚来车友会中不止有蔚来车主，更有很多认同蔚来品牌价值观的非车主。蔚来车友会不仅承担了重要的售后服务工作，而且成为社群成员的社交平台。蔚来汽车的很多活动，都是群友自发组织起来的。

品牌资产管理，需要对品牌管理的过程和结果进行关键指标管理。传统意义上的品牌管理是基于用户出发的，更重视知名度、认知度指标，强调成本支出。而品牌资产管理，则将品牌偏好度、品牌关系度、品牌延伸度纳入整体考量，极大地扩展了品牌管理的内涵。

四、品牌管控模式

品牌管控模式整体服从于公司整体管控模式。公司管控模式决定了企业总部与各业务分部（事业部或外地分/子公司）之间在各项管理事项上的"责权利"分配。

通常，公司管控模式包含财务型管控模式、战略型管控模式、运营型管控模式三种。

财务型管控模式：总部对分/子公司的管控最少，只设定财务目标和预算管理，不介入日常运营管理。部分多元化控股集团会采取这种模式。

战略型管控模式：在财务管控模式的基础上增加了对分/子公司的发展策略制定、重大决策事项审批，以及重要管理职能协同。其中，品牌职能就是重要组成部分，它对分/子公司的日常管理非常灵活性且具有实效性。许多大中型集团企业采用的是该模式。

运营型管控模式：在战略型管控模式的基础上，更加深入分/子公司职能的日常运营。它强调对运营进行直接管理和监控。许多中小型企业，由于公司资源较为有限、工作内容相对简单，通常会采用该模式。

中小型公司的品牌管控模式

处于发展早期的中小型公司，通常将资源集中运用在产品品牌上。为了发挥资源投入的协同效应，很多企业更是将公司品牌名称、产品品名称合二为一。

这种情况下，品牌管控模式非常简单和直接，公司品牌及产品品牌的相关工作皆由统一的部门和高管来负责。这体现了企业初创期市场突破的重要性。当年创办巨人集团早期，史玉柱在做保健品品牌推广时，会亲自审核每一条广告。

大中型集团企业的品牌管控模式

集团型企业需要在品牌管理上确定总部与分/子公司的分工合作机制。总部负责整体品牌发展策略，公司母品牌的日常维护，制定总部及分/子公司的品牌使用策略、协调各分/子公司间的品牌活动。

如果采取的是战略型管控模式，总部还有权审核分/子公司的品牌策略与年度传播计划，审批分/子公司的年度品牌预算。2023年，华为公司对外官宣，自己不直接参与造车，总部也不允许将公司品牌授予给外部公司使用，以避免公众产生"华为下场造车"的误解。

分/子公司处于市场业务的一线，为了及时应对市场竞争，分/子公司在确定年度品牌工作计划后，可自行开展各项具体的品牌传播工作，无须获得总部授权。各分/子公司要按计划和进度，及时向总部同步项目实施的情况。在分/子公司的品牌实施过程中，总部有权对品牌实施的过程进行复核，提出整改建议，督促分/子公司及时完善。

总而言之，企业可根据具体情况，灵活运用品牌管控模式，目的是在有限的资源、能力范围内，最大限度地发挥品牌的价值。

海尔金控是海尔集团旗下的产业金融控股集团，它非常重视发挥品牌管理与战略管理的协同作用。海尔金控集团在战略层面提出"产业投行"的商业模式，品牌层面提出了"链动产业生长力"的品牌主张，通过协同管理来塑造用户认知，聚拢市场资源。

海尔金控的总部品牌管理部门非常强大，它邀请专业咨询机构制定一体化的品牌战略，对集团品牌、业务子品牌进行了清晰的品牌定位，确保品牌管理上下一致，强化了业务赋能的重要性。

五、升级关键品牌指标

传统的品牌管理偏向于用户的认知管理，所以，侧重品牌知名度、品牌认知度、品牌美誉度等与传播效果有关的关键指标管理。在当前的新形势下，企业要围绕成长目标、成长关键因素，对关键品牌指标进行升级。

"1+5"战略品牌管理指标体系

"1"代表品牌价值匹配度，它评价的是品牌价值在多大程度上满足了用户需求。"5"代表了品牌认知度、品牌覆盖度、品牌体验度、品牌关系度以及品牌延展度。这五个指标反映了企业在市场端实现可持续成长的五个关键动作和步骤。

品牌价值匹配度是品牌获得成功的源点性问题，是从"0"到"1"当中的那个"1"。

品牌价值匹配度将品牌管理向上延伸到用户需求洞察、产品开发阶段，上升到战略管理层级。相较于"大力传播出奇迹"的传统品牌管理思路，战略型品牌管理在源头就创造出满足用户需求的爆品，这势必会提升企业新产品上市的成功率。

商业实践中，很多新消费品牌之所以没落，原因在于品牌价值的竞争力不足，无法更好地满足用户的需求，而非传播工作的不足。恰恰相反，很多"网红"品牌非常舍得投入广告，虽然阶段性地吸引了人们的眼球，实现了知名度破圈，但品牌价值本身的先天不足影响了企业持续健康成长。

品牌匹配度的终极任务是实现人、货、场景的匹配。人即目标消费者，货即产品及价格，场景代表产品使用价值、产品使用场景。企业要匹配好人、货、场，为用户提供物有所值甚至物超所值的产品及服务。

在商业实践中，品牌匹配度需要综合考虑以下两点。

不脱离场景谈产品

用户总会在具体的时间、空间与情景下使用产品。即便是同样的产品，用户在不同的场景下，产生的需求也会有所差异。因此，产品的研发与设计，越融入用户场景，就越无缝衔接用户的购买决策过程。

"太空杯"就是典型的例子。日常居家的饮水杯容量一般在1000毫升以内，体积小，方便携带和居家摆放，但它无法满足大运动量专业运动员、健身达人的需求。因此，在运动健身场景下，就催生出了新的细分品类——顿顿杯。

顿顿杯的容量至少在1升以上，更大容量可达2.5升。在容量升级的同时，顿顿杯将握手与杯身融为一体，产品设计非常时尚化、人性化。起初，顿顿杯在国外运动健身圈流行，随着运动健身成为生活潮流，它顺势从"功能定位"破圈，将自身品类定位为"时尚运动水器"。相应地，在国内推广时，增加了流量明星作为品牌代言人，不断扩大消费人群，成为备受年轻人喜爱的新消费品牌。

不脱离产品谈价格

价格是用户购买决策的决定性因素之一，但用户往往将自身需求与产品质量、产品性能结合在一起，形成对价格的认知。

最初，许多中国企业的竞争策略是"低质低价"，即用低于市场的价格满足用户的基本需求。

随着消费需求不断升级、生产水平持续进步，中国企业的竞争策略转变为"性价比"，即在相同品质、性能之下，用低于市场的价格来赢得市场竞争。

20世纪80年代，日本品牌凭借卓越的质量管理战略，在全球范围内实现了突破。但在追求质量的道路上，很多日本企业陷入过犹不及的误区。由于没有充分考虑用户实际需求与支付意愿，过分追求质量，导致了"质量过剩"。例如，日本NEC推出的笔记本电脑号称"连大象都踩不坏的电脑"，这种极端的质量标准虽然确保了万无一失，但绝大多数用户根本不会遇到这种情况，因此不愿意为此支付较高的溢价。

中国品牌在提升品质的过程中，要避免陷入"质量过剩"的误区。

品牌认知度管理

品牌认知度管理的核心任务，是设计品牌在用户心智中的认知结构图。好的认知结构图，能全面、友好地提供用户购买决策所需的各类关键信息。

企业可采用深度访谈与定量问卷调研结合的方式，还原出用户的心智认知图，但这一研究方式受制于时间、成本等因素，无法全面、及时地呈现品牌认知。借助数字技术，企业可对网络上的海量文本进行挖掘和分析，精准获知用户的心智认知图。通过算法，企业可以精准得知"用户在谈论品牌时到底在想什么"。

其中，品牌名称与标识是品牌认知管理的基础。好的品牌名称，能降低用户的记忆难度，提升品牌传播效率。

品牌认知度管理要覆盖三大核心信息：用户需求痛点、品类说明、品牌突出的属性。其中，用户需求不仅包含基础功能需求，还包括情绪及社会价值需求。这就要求企业进行多维度认知管理，并落实在内容管理当中。

品牌管理者要保持头脑清醒，内容管理的直接目标，是在用户的心智中构建品牌认知地图，最终推动用户实现购买。

知名护肤品牌SK-II的品牌内容，不限于产品成分、功效等内容，更重视价值观的表达。2016年，SK-II在全球发起了＃改写命运＃等公关传播活动，以表达现代女性独立自主的价值观。在中国SK-II推出了品牌长视频《她最后去了相亲角》，表达城市"剩女"对于婚姻与生活的态度和认知。由于契合了时下的社会热点，视频一经推出就引起了巨大的讨论和热度，突出了SK-II鲜明的品牌形象。

品牌覆盖度管理

品牌覆盖度管理的核心任务是实现对信息传播触点、产品购买触点的全面覆盖。数字时代，很多触点是重叠的，因此，品牌覆盖度管理要帮助目标用户实现"见到""搜到"和"买到"。

品牌覆盖度管理考验着企业的传播渠道和销售渠道布局。

常见的品牌覆盖度指标是线上、线下传播渠道覆盖度，以及区域经销商、终端零售网点的铺货度。传播渠道的覆盖度决定了品牌知名度，销售渠道的铺货度决定了品牌记忆度。

通常情况下，传播声量与销量之间具有直接的相关关系。例如2020年，完美日记的小红书官方账号有194万粉丝，笔记数量超21万条，总曝光量上亿，远超百雀羚、欧莱雅等品牌。高覆盖的传播声量是完美日记销量增长的重要原因。

据不完全统计，中国有合计约 500 万个的食品及饮料零售网点，包括大型连锁超市、连锁便利店、个体杂货铺等。品牌需要借助外部伙伴的支持覆盖终端零售网点。企业需要全盘规划线下渠道的广度、深度和密度。如在某个区域市场内，从厂家到终端之间设置几个渠道层级、每个层级选择几个渠道伙伴等。

很多起步于线上的新消费品牌开始强化线下网点覆盖度，补齐线下零售渠道的布局。2021 年，三只松鼠发力线下分销渠道，新分销渠道实现营业收入 16.09 亿元，较上年同期增长 38.16%，占总营收 16.47%。三只松鼠称，未来将加速线下分销市场的布局，快速推动全国县级市场全覆盖，推进 KA 渠道、传统渠道、特通渠道、流通批市的经销商组合开发。

品牌体验度管理

品牌是企业各项工作的价值成果集合。品牌体验度管理的核心任务是，通过全接触周期的用户感知管理，实现认知与体验合一。

全接触周期包含用户购前、使用及购后的各个阶段，因此，品牌体验度管理覆盖了用户的品牌信息体验、产品质量体验、购买服务体验及售后增值服务体验等阶段。企业可在满意度管理的基础上进行升级迭代，增加用户期望、价值认可等方面的专项研究。

品牌体验度管理的另一关键工作是提升产品质量的可感知性。传统的产品质量管理注重内在的品质感，但忽视外部的感知性。企业需要从产品接触场景出发，开发出易于被用户识别和体验的产品特征，让用户能快速直接地获得关键质量体验。

工业品企业销售过程长，线下沟通环节多，沟通内容复杂，所以，工业品企业的品牌体验管理要全面梳理与客户的交流场景（如客户赴厂参观交流），确保准确无误地传递公司的核心价值观。通过全面梳理，企业可以发现用户感知程度高但表现低于竞品的体验点。

很多工业品企业，通过构建服务品牌，向外传递统一且具有个性的公司品牌形象。三一重工是中国领先的工程机械企业。为提升客户体验的满意度，三一重工将服务作为核心竞争力，并将服务规范作为品牌承诺向客户传播。

品牌关系管理

品牌关系管理指持续管理用户之间的互动行为，从而实现用户资产增值。其核心任务是品牌社群管理与用户资产管理。

品牌社群管理是对传统售后服务的升级。品牌社群管理要以品牌核心价值观为导向，通过社交网络与周边服务，实现品牌与用户之间的多场景互动。

品牌社群是实现流量留存的重要手段，其重要性不言而喻。企业需要综合考虑产品的客单价、产品购买和使用频率、产品线丰富程度以及社群活动，以确保品牌社群有足够的吸引力、较高的活跃度。

一旦企业建立了品牌社群，将能极大提升品牌收入的确定性。2021年，零食品牌良品铺子的1.2亿注册会员，贡献了61.16%的营收，会员消费金额远高于非会员。

用户资产管理本质上是对用户购买关系、购买潜力进行综合管理。

通常来说，从用户的销售贡献度，可以初步判断其是大客户还是小客户。用户资产管理要识别早期的小客户是否有潜力成为大客户。

同时，按用户的购买经历，可以将用户分为老客户与新客户。其中，复购率、推荐率是关键指标。

复购率可以识别品牌的业绩增长，是来自新客户的尝鲜试用，还是老客户的经常购买。推荐率则可以识别品牌的业绩增长能否获得"滚雪球"的效应。

推荐率能极大提升企业市场资源的使用效果。品牌可通过推荐机制，鼓励用户向身边的亲朋好友推荐。

瑞幸咖啡在成立之初，通过推荐奖励，鼓励用户向亲朋好友转发免费的试用券。在现实的利益驱动下，瑞幸咖啡的短期获客效果非常显著。

品牌延伸度

品牌延伸度管理的核心任务是，从品牌认知出发，确定产品、业务发展的方向和边界，以及品牌延伸过程中的母子品牌使用规范。

品牌延伸度管理首先要充分保护已有的品牌资产，不让品牌进入不具市场竞争力的产品和业务。因为毫无章法的品牌延伸，不但无法获得经济利益，反而会对已有的品牌资产造成伤害。因此，在品牌延伸之前，首先要梳理企业的内部能力与资源。这是建立品牌资产的内部基础。

母子品牌使用规范管理体现了母公司与各分、子公司之间的管控关系，其关键在于，如何统一规范地使用品牌标识。

典型的母子品牌关系包括统一品牌、背书品牌以及独立品牌等。不同的母子品牌关系，对应不同的视觉使用规范。在商业实践中，中国企业可在上述三种典型母子品牌关系的基础上，发展出更个性化的母子品牌标识使用规范。

六、战略型品牌管理的组织保障

战略型品牌管理需要建立常设性的品牌与文化管理委员会，公司最高管理层兼任该委员会的负责人。

成立该委员会的目的，不仅是打破职能与部门分割，真正将企业战略、企业文化与公司品牌管理融为一体，更为重要的是，要让每一个管理者都能明确自己的品牌职责，以品牌思维进行管理和决策。它的真正价值在于，让企业内部了解市场期望、客户需求，将两者与企业行为实时融合。

企业最高管理层可借由该委员会整合关键职能，全盘审视内外部的期望、主客观条件，判断它们能否保持平衡、一致。

中国很多优秀的企业意识到品牌在公司战略中的独特作用，开始运用品牌来进行系统性的战略规划。

北京市建筑设计院有限公司（简称北京建院，或 BIAD）是中华人民共和国成立后的第一家民营建筑设计院，也是中国领先、国际知名的大型建筑设计咨询企业。70 多年来，它始终致力于向社会提供高品质的建筑设计服务，在行业中享有极高声誉。

面对数字时代的市场竞争和技术革新，北京建院的最高管理层提出了"建立国际一流的建筑设计科创企业"的发展愿望。为了将企业内部愿望与外部市场期望进行匹配，北京建院在进行战略规划的同时，同步开启了打造公司品牌的计划。经过与北京建院高管团队的充分研讨，最终确定了"建筑设计服务社会，数字技术创造价值"的新品牌口号，这句话既阐明了使命与愿景，又涵盖了如何为客户创造价值。

北京建院推出品牌理念，并非简单地喊出宣传口号，而是需要落实到日常工作当中。为此，北京建院的高管层建立了品牌文化管理委员会，由公司董事长召集相关职能部门定期参与，对涉及品牌的日常工作、以品牌来推动的重大事项进行统筹和决策，基于品牌核心价值、品牌资产增值的总体要求推动各项内部工作。

战略型品牌管理呼唤既懂战略又懂品牌的复合型人才。品牌管理人员除了要拥有传播公关能力，还要具备强大的市场竞争意识和客户管理能力；战略管理人员则必须具有市场导向思维和良好的对外沟通能力。两类人才都有自己的专长与短板，只有既懂战略又懂品牌，才能制定好增长策略、讲好增长故事。

具备良好沟通能力的企业家会为企业战略的实施创造良好的心智氛围与情绪价值。很多客户就是在与企业领袖的沟通中被"圈粉"的。罗永浩利用自己的个人魅力，将锤子手机发布会搞成了"科技脱口秀"。很多人在发布会结束后，成为罗永浩的忠实拥趸。

企业家首先要向市场推销的不是公司产品，而是公司的未来前景和经营理念，即战略期望。当人们发自内心地认同它时，企业能最大程度地以最低成本获得市场资源。很多企业家之所以重视财经公关，就是出于这个原因。

每个企业家都要学会讲故事。讲好企业故事、品牌故事、产品故事，是企业家的重要职责和应尽义务，也是公司品牌管理的重要组成部分。

当然，讲故事并不是要伪造信息、夸大宣传、扰乱市场秩序，而是站在外部利益相关者的角度，全面展现企业的独特价值，以获得大众的认同。